Hartmut Großhans

Wohnumfeld und Quartiersgestaltung
für das Wohnen im Alter im Generationenverbund

Hartmut Großhans

Wohnumfeld und Quartiersgestaltung
für das Wohnen im Alter im Generationenverbund

Fraunhofer IRB Verlag

Die Deutsche Bibliothek – CIP-Einheitsaufnahme

Ein Titeldatensatz für diese Publikation ist bei
Der Deutschen Bibliothek erhältlich.

Umschlaggestaltung und Satz: Martin Kjer
Druck: Satz- und Druckzentrum des Fraunhofer-Informationszentrums Raum und Bau IRB
Für den Druck des Buches wurde chlor- und säurefreies Papier verwendet.

ISBN 3-8167-4720-5

© by Fraunhofer IRB Verlag, 2001
Fraunhofer-Informationszentrum Raum und Bau IRB
Postfach 80 04 69, D-70504 Stuttgart,
Telefon (0711) 970-2500, Telefax (0711) 970-2508
e-mail irb@irb.fhg.de
URL   http://www.irb.fhg.de

Die generative Herausforderung einer sich individualisierenden, alternden Gesellschaft stellt sich zu Beginn des neuen Jahrhunderts Staat und Gemeinden, Wirtschaft und Politik, Wissenschaft und Planung ebenso wie Familien, Freunden und Nachbarn im lokalen Lebensumfeld.

Die Bundesregierung hat 1997 den von einer Sachverständigenkommission erarbeiteten, umfänglichen »Zweiten Bericht zur Lage der älteren Generation in der Bundesrepublik Deutschland - Wohnen im Alter« vorgelegt, der Probleme und Lösungsansätze zur Begegnung der generativen Herausforderung, fokussiert auf den zentralen Lebensbereich Wohnen, aufzeigt. Eine besondere Verantwortung hat hierbei die gemeinnützig orientierte, unternehmerische Wohnungswirtschaft unter dem Dach des GdW Bundesverband Deutscher Wohnungsunternehmen, die, mit etwa 3200 Wohnungsunternehmen und einem Bestand von circa 7,2 Millionen Wohnungen rund 18 Millionen Haushalte, darunter überdurchschnittlich viele Senioren, als Mieter beherbergt.

Die Wohnungsgesellschaften und Wohnungsgenossenschaften beschäftigen sich nicht erst seit dem Jahr der Senioren mit dem Thema Wohnen im Alter. Der Bau von Altenwohnungen und Altenwohnhäusern, von Behinderten- und Versehrtenwohnungen, von Altenheimen, Pflegeheimen, Seniorenzentren gehört seit langem zum selbstverständlichen Aufgabenkreis. Die Sorge für die angemessene wohnliche Versorgung der Älteren und Alten im Verbund mit den Jungen im Wohnquartier entsprechend ihrer generationstypischen und individuellen Bedürfnisse ist bei einer »alternden Gesellschaft« ein zunehmend wichtiges Segment unternehmerischer Leistungs- und Kommunikationspolitik.

Neben dem Wohnen im engeren Sinne in der Wohnung und im Wohngebäude gewinnt das Wohnumfeld und die Quartiersgestaltung für die Wohnzufriedenheit der Mieter, und damit für ihre Standorttreue bzw. die potentielle Nachfrage, auch und gerade bei den Älteren an Bedeutung. Dies ist bei sich entspannendem Wohnungsmarkt wohl zu beachten und wurde in zahlreichen wissenschaftlichen Untersuchungen belegt. Eine Herausforderung nicht nur für unsere Architekten und Landschaftsplaner, sondern auch und besonders für die unternehmerische Sozialplanung und das soziale Management der unternehmerischen Wohnungswirtschaft.

Diesem Thema ist die hier vorgelegte Veröffentlichung gewidmet.

Sie wurde von Prof. Dr. Hartmut Großhans, Leiter des Referates Wohnungs- und Städtebau, Forschung und Entwicklung des GdW, als Mitglied der von der damaligen Bundesministerin Claudia Nolte berufenen Sachverständigenkommission als Beitrag für den 2. Altenbericht der Bundesregierung erarbeitet. Seine Ausarbeitung, versehen mit zahlreichen Beispielen aus der Praxis der Unternehmen innerhalb des GdW, mußte allerdings, wie die Beiträge anderer Sachverständigen auch, im Rahmen des Grundsatzberichtes, in den er als Kapitel V aufgenommen wurde, gerade hinsichtlich der bildlich dargestellten Praxisbeispiele gekürzt werden.

Wegen der Bedeutung der Thematik für künftiges Handeln der Wohnungsunternehmen in Kooperation mit den Trägern der sozialen Arbeit, den Städten und Gemeinden in allen Teilen Deutschlands veröffentlicht nun, nachdem Prof. Dr. Hartmut Großhans in den Ruhestand getreten ist, das Fraunhofer Informationszentrum Raum und Bau IRB den, im Abbildungsteil und in der Einführung erweiterten Beitrag als Anregung und Arbeitshilfe.

Das Informationszentrum Raum und Bau IRB der Fraunhofer Gesellschaft in Stuttgart, dem der Autor als Mitglied des Kuratoriums verbunden ist, sieht seine Aufgabe dabei darin, als Mittler zwischen Theorie und Praxis ebenso wie als Mittler zwischen Praxis und Praxis aktiv zu sein.

Mit der Veröffentlichung des Berichtes und seiner Anlagen - u.a. Inhaltsverzeichnis des 2. Altenberichts - will das Fraunhofer IRB zugleich eindringlich auf die Bedeutung und Nützlichkeit des 2. Berichts der Bundesregierung zur Lage der älteren Generation in der Bundesrepublik, der das Wohnen im Alter in den Mittelpunkt stellt, als wichtige Arbeitsgrundlage wohnungspolitischen und wohnungswirtschaftlichen Handelns ausdrücklich noch einmal hinweisen.

Leider werden derlei fundierte, interdisziplinär von Fachleuten erstellte Kompendien kaum hinreichend in den Medien gewürdigt und so in das praktische Handeln einbezogen - hier wollen wir erinnern!

Prof. Dr. Hartmut Großhans hat sich im Hause GdW in besonderer Weise mit dem Thema Wohnen und Leben im Alter wissenschaftlich und praktisch auseinandergesetzt. Dazu gehört das Aufspüren, Dokumentieren, Analysieren und die Einordnung in systematische Zusammenhänge von zahlreichen Beispielen und Ansätzen aus der unternehmerischen Praxis, die von innovationsfreudigen Wohnungsgenossenschaften und Wohnungsgesellschaften realisiert wurden.

Dazu gehört auch der vielfältige Wissenstransfer bei Seminaren, Workshops, Kongressen, in Arbeitsgruppen, Fachkommissionen und in politische Entscheidungsgremien und durch zahlreiche Aufsätze und Abhandlungen.

Dazu gehört schließlich die Berichterstattung über den »Stand der Kunst« im Bereich der gemeinnützig orientierten Wohnungswirtschaft zum Thema »Wohnen im Alter«, stets untermauert mit praktischen Beispielen der Wohnungsunternehmen im GdW - als Leistungsnachweise ebenso wie Motivationsanschub und Arbeitshilfe.

Zu nennen wären:
* GdW-Materialien 19 -
  Wohnen im Alter - 1987
* GdW-Schriften 43 - Modernisierung
  und Entwicklung des Wohnungs-
  bestandes für das Leben im Alter - 1994
und nun
* IRB - Wohnumfeld und Quartiers-
  gestaltung für das Wohnen im Alter im
  Generationenverbund - 2001

Die in den Positionspapieren und Fachveröffentlichungen des GdW seit Jahren vertretene Grundforderung, das Wohnen der Älteren und Alten in ihrem Lebenszusammenhang, in Wohnquartier und Nachbarschaft und im Generationenverbund zu sichern und zu entwickeln, ist ein zentraler Leitgedanke des 2. Altenberichtes der Bundesregierung. Das Fraunhofer IRB will gerne dazu beitragen, diesen Ansatz zu verbreiten.

Dr. Ing. Wilhelm Wissmann
Leiter des Fraunhofer Informationszentrums Raum und Bau IRB

Kapitel

Anhang

Beilage

1 Einführung in den 2. Altenbericht und ins Thema

Mit zahlreichen Forschungsprogrammen und Untersuchungen, mit Fachveranstaltungen, Ausstellungen und Veröffentlichungen hat die Bundesregierung insbesondere durch das Bundesministerium für Raumordnung, Bauwesen und Städtebau (heute Bundesministerium für Verkehr, Bau- und Wohnungswesen, BMVBW) und durch das Bundesministerium für Familie, Senioren, Frauen und Jugend in den letzten Jahren das Thema »Wohnen im Alter« theoretisch wie praktisch untersuchen und aufarbeiten lassen. Dabei wurde sie durch die einschlägigen Fachverbände wirkungsvoll unterstützt. Wichtige Grundlagen für die darauf abgestellte Förderungen in Bund und Ländern wurden dadurch ebenso geschaffen wie Instrumente und Arbeitshilfen für die handelnden Akteure vor Ort.

Der Deutsche Bundestag hat 1992 einmütig grundlegende Aussagen zur Wohnungspolitik für alte Menschen als Teil einer umfassenden Gesellschaftspolitik gemacht und eine Reihe von Forderungen für die altengerechte Umgestaltung der Wohnungen und des Wohnumfeldes sowie für den Ausbau der Sozialen Dienste mit dem Ziel erhoben, den alten Menschen so lange wie möglich eine selbständige Lebensführung zu ermöglichen.

Der »Zweite Bericht der Bundesregierung zur Lage der älteren Menschen - 2. Altenbericht 1998« stellt erstmals umfassend das Wohnen im Alter in den Mittelpunkt seiner Betrachtung. Er verdient also hohe Aufmerksamkeit insbesondere der unternehmerischen Wohnungswirtschaft.

Die Zahl der älteren Menschen wächst. Bis zum Jahr 2030 wird die Zahl der Menschen, die 60 Jahre und älter sind, auf 23 Millionen (1990: 16 Millionen = 20 Prozent), d.h. 35 Prozent der Bevölkerung steigen. Der Altenquotient (Personen im Alter von 60 und mehr Jahren in Relation zu 100 Personen im Alter von 20 bis unter 60 Jahren) wird für ganz Deutschland auf 74 Prozent (1990: 35 Prozent) steigen (Deutscher Bundestag 1991, Seite 6). Mehr braucht zur Brisanz des Themas wohl nicht gesagt werden.

Der 2. Altenbericht der Bundesregierung wurde von einer Sachverständigenkommission erstellt, die, eingesetzt durch die damalige Bundesministerin für Familie, Senioren, Frauen und Jugend, Frau Claudia Nolte, am 4. Juli 1995 zu ihrer konstituierenden Sitzung in Bonn zusammentrat. Die Kommission erhielt aufgrund einer Empfehlung des Deutschen Bundestages den Auftrag, bei der Erarbeitung des Zweiten Altenberichts insbesondere das Schwerpunktthema 'Wohnen im Alter' zu behandeln. Es handelt sich somit nicht um einen allgemeinen Bericht zur Situation älterer Menschen. Vielmehr galt es, einer zentralen Rahmenbedingung menschlichen Lebens, dem Wohnen, besondere Aufmerksamkeit zu widmen.

Prof. Dr. Clemens Geißler, der Vorsitzende der Sachverständigenkommission, schreibt dazu im Vorwort u.a.:

»Obwohl dieser Bericht das Wohnen in den Vordergrund zu stellen hat, war ein besonderes Anliegen der Kommission, die Ganzheitlichkeit moderner Altenpolitik zu betonen. Wenn nämlich das in unserer Gesellschaft deutlich zunehmende Gewicht der Älteren nicht einseitig und lähmend als Risiko gesehen, sondern als Herausforderung zum Ein-

*greifen der im demographischen Wandel liegenden Aufgaben und Chancen gesehen wer-
den soll, dann muß Altenpolitik in den Gesamtzusammenhang einer generationen-, ge-
schlechter- und familienbezogenen sozialen Strukturpolitik eingeordnet sein, um ihrem
Rang gerecht zu werden. Sie schwerpunktartig oder gar nur als Notlagenpolitik zu konzi-
pieren, wäre ein falscher Ansatz.*

*Niemand sollte im Hinblick auf die persönliche Lebens- und Wohnsituation in der Pha-
se des 'jungen Alten') noch nur auf vermeintliche Verluste (die pflegebedürftigen 'Hochbetagten') schauen. Vielmehr kommt es darauf an, die Lebenspläne diese beiden Dimensionen des Altwerdens einzubeziehen, im Jungsein und im Älterwerden. ...*

*Immer mehr ältere Frauen und Männer werden nur dann altersgerechte Wohnungen zur
Verfügung haben, wenn immer mehr Jüngere - als private Haus- oder Wohnungseigentümer und als Akteure der Wohnungswirtschaft, die über Mietwohnungen verfügen - ihr
Handeln an den Kriterien der Altersverträglichkeit und Alterssicherheit ausrichten. Zwar
spielt der Alterssicherungsgedanke bisher bei den Wohnentscheidungen der Jüngeren eine untergeordnete Rolle, dennoch sagen Ältere rückblickend, daß Wohneigentum zur Alterssicherung und daß Wohnqualität für Mieter und Eigentümer zur Lebenszufriedenheit
im Alter wesentlich beitragen. Allerdings ist jede Art von öffentlicher und privater Al-
tersvorsorge nicht frei von Unsicherheit. Schließlich kann das menschliche Leben niemals
risikolos sein. Neben aller Versicherung und Vorsorge braucht der Mensch daher jene Daseinskompetenzen, welche helfen, unter Unsicherheitskonstellationen zu leben. ...*

*Ferner sollte niemand meinen, daß es Alterssicherheit unabhängig von den Jüngeren und
deren Leistungen für die Daseinsvorsorge geben könnte. Eine Politik, die die Interessen aller Generationen im Blickfeld hat, wird jedoch die erforderliche Zustimmung durch Wäh-
lerentscheidungen nur dann erhalten, wenn die Älteren für die erforderlichen Mehrheiten
sorgen. Die Zukunftsfähigkeit der Gesellschaft im Ganzen, nicht allein die Zukunft der
Alten, hängt somit auch von der Wahrnehmung dieser Verantwortung durch die Älteren
ab. Umgekehrt werden Kinder-, Jugend-, Frauen- und Familienpolitik durch Überzeu-
gungsarbeit dafür sorgen müssen, daß ihre Ziele im Horizont der Älteren verankert sind.
Es ist ein besonderes Anliegen der Kommission, auf diesen Aspekt der generationen-, ge-
schlechter- und familienbezogenen Politikstrategie aufmerksam zu machen. ...*

*Es ist besonderes Anliegen der Kommission, deutlich zu machen, daß zum Humanver-
mögen der Gesellschaft auch die ältere Generation gehört, und daß sowohl die Lebensbedürfnisse als auch die Leistungen bzw. Leistungspotentiale aller Generationen besonders dann in ihrem nicht aufhebbaren Zusammenhang gesehen werden müssen,
wenn Ziele und Maßnahmen der Politik zugunsten einer bestimmten Personengruppe formuliert werden. Dafür ist das Wohnen ein besonders einleuchtendes Beispiel. Die Lang-
lebigkeit des Gebauten bringt es mit sich, daß die Nutzungsbiografie einer Wohnung, eines Wohngebäudes, eines Quartiers durch verschiedene Generationen, vielfältige
Familienkonstellationen sowie Lebens- und Hauswirtschaftsweisen gekennzeichnet ist.
Förderliche Rahmenbedingungen für ein gelingendes Wohnen im Alter setzen somit ein
einsichtiges Handeln aller Akteure auf sehr verschiedenen Handlungsfeldern voraus. ...*

*Hierzu will die Kommission ermutigen. Denn es ist gewiß schwieriger, in einem Koope-
rationsnetz Partner, als auf der Insel begrenzter Zuständigkeit jeweils für sich tätig zu
sein. Der Altenpolitik möge es gelingen, allen Akteuren, auf die es ankommt, sowohl das
generationenbezogene Gewissen zu schärfen als auch Handlungskompetenzen zu vermitteln."*

Soweit der Vorsitzende der Kommission.

Die Sachverständigenkommission für den 2. Altenbericht, zusammengesetzt aus zehn Kolleginnen und Kollegen aus dem Hochschulbereich, von Forschungsinstituten, aus dem Kommunalbereich und der Wohnungswirtschaft, vertreten durch den Autor (Verzeichnis im Anhang), trat zu 14 mehrtägigen Plenarsitzungen und in zahlreichen Arbeitsgruppen zusammen. Sie hörte Experten zu speziellen Themen an, vergab und erörterte Expertisen und besichtigte beispielhafte Projekte; aus dem Bereich des GdW in Kooperation mit der GWG Hamburg mbH; der GEWOFAG München und der Stadt- und Land GmbH Berlin.

Die Fachkapitel wurden durch einzelne Mitglieder der Sachverständigenkommission federführend erarbeitet, gemeinsam beraten und von einer Redaktionsgruppe aufeinander abgestimmt. Die Geschäftsführung lag beim DZA Deutsches Zentrum für Altersfragen, Berlin, Frau Dipl.-Sozialgerontologin Britta Steves.

Frau MRin Angelika Baestlein vom damaligen Bundesministerium für Raumordnung, Bauwesen und Städtebau (heute BMVBW) und Herr MR Dr. Werner Karmann vom Bundesministerium Familie, Senioren, Frauen und Jugend begleiteten die Arbeit der Sachverständigenkommission; die ihre Arbeit mit der Schlußsitzung und der einmütigen Verabschiedung des Berichtes am 18. Juli 1997 beendete.

Der Bericht wurde Frau Bundesministerin Nolte am 29. September 1997 in Bonn übergeben und als Bundestags-Drucksache, versehen mit den Äußerungen der Bundesregierung 1998 veröffentlicht.

Der 2. Altenbericht der Bundesregierung behandelt, neben der Einführung

I. Der Bericht im Überblick die Themen
II. Alter - Gesellschaft - Wohnen
III. Grunddaten zu Bevölkerung - Haushalt - Wohnen
IV. Wohnformen älterer Menschen
V. Wohnumfeld und Quartiersgestaltung
VI. Wohnen und Verkehr
VII. Wohnzufriedenheit, Selbständigkeit und Wohnqualität
VIII. Wohnen und sozio-ökonomische Wohlfahrt
IX. Soziale Netzwerke älterer Menschen
X. Wohnmobilität
XI. Altersstruktur und Siedlungsentwicklung - Zum Zusammenhang von Altersstrukturentwicklung, Wohnungsbedarf und regionalen Handlungsmöglichkeiten
XII. Wohnverhältnisse älterer Menschen, und faßt Folgerungen und Empfehlungen zu den einzelnen Kapiteln zusammen in
XIII. Wohnen im Alter - Der aktuelle Handlungsbedarf

Der 2. Altenbericht der Bundesregierung enthält eine Fülle von Informationen, die für die Wohnungsunternehmen im Umgang mit der Aufgabenstellung der Anpassung ihrer Wohnungsbestände für das Wohnen im Alter im Generationenverbund, für die unternehmerische Sozialplanung und das soziale Management von hohem Interesse sind.

Bevor im folgenden der von mir erarbeitete Beitrag für Kapitel V »Wohnumfeld und Quartiersgestaltung« vorgestellt wird, sollen drei - auch für diese Thematik zielführende - zentrale Aspekte auszugsweise wiedergegeben werden, die von

Prof. Dr. Andreas Kruse, damals Universität Greifswald und Prof. Dr. Clemens Geißler, IES Institut für Entwicklungsplanung und Strukturforschung an der Universität Hannover, im Kapitel II »Alter - Gesellschaft - Wohnen« formuliert wurden:

»1. Das Leitbild der Kommission für das Älterwerden und Altsein

Das Leitbild der Kommission für das Älterwerden und Altsein in unserer Gesellschaft und damit auch für die Politik zugunsten des Wohnens im Alter ist gekennzeichnet durch

- *die Eigenverantwortlichkeit des älter werdenden Menschen für ein personal selbstbestimmtes und sozial integriertes Leben,*
- *die Bedeutung des Eingebundenseins in die eigene Generation und in die generationenübergreifenden Netzwerke für Lebensqualität im Alter,*
- *die Verantwortung der Politik für Rahmenbedingungen, welche für beide Geschlechter, für alle Altersgruppen und sozialen Milieus, für die verschiedenen Grade der Hilfsbedürftigkeit und in allen Regionen ein sinnerfülltes Leben ermöglichen,*
- *die Bedeutung der Wohnbedingungen für die Erfüllung der Grundbedürfnisse in allen Phasen des menschlichen Lebenslaufs und damit auch für ein eigenverantwortliches und sozial integriertes Leben im Alter.*

Mit diesem Leitbild wird zunächst zum Ausdruck gebracht, daß der Mensch auch selbst dafür verantwortlich ist, wie sich sein Alter gestaltet. Der verantwortliche Umgang mit Anforderungen und Möglichkeiten des Lebens wird durch die Lebensführung in jüngeren Lebensjahren ausgebildet - darin zeigt sich die Bedeutung des Lebenslaufes für Zufriedenheit und Kompetenz im Alter. Zugleich eröffnet das Alter auch neue Möglichkeiten des selbstbestimmten Lebens (in der gerontologischen Literatur auch umschrieben mit dem Begriff der 'späten Freiheit') und stellt neue Anforderungen an die Selbstverantwortung des Menschen: Veränderungen in den sozialen Rollen, vor allem aber Verluste im sozialen und gesundheitlichen Bereich sind Situationen, deren Verarbeitung auch von der Fähigkeit des Menschen beeinflußt ist, sich neu zu orientieren, sich an bestimmte situative Bedingungen anzupassen und zugleich nach Wegen zu suchen, wie auch unter dem Eindruck veränderter Lebensbedingungen ein persönlich zufriedenstellendes und sinnerfülltes Leben möglich wird.

Die im Leitbild angesprochene Eigenverantwortlichkeit kommt auch darin zum Ausdruck, wie Menschen ihre Umwelten mitgestalten, d.h. welche räumlichen, sozialen und infrastrukturellen Umwelten sie aufsuchen, welche Veränderungen sie in diesen vornehmen, in welchen sozialen Kontexten sie sich engagieren. Mit dem Begriff der Eigenverantwortlichkeit wird die Möglichkeit der Mitgestaltung von Umwelten entsprechend eigener Kompetenzen und Präferenzen ausdrücklich betont und der Annahme widersprochen, daß ältere Menschen primär oder ausschließlich abhängig von gegebenen Umweltbedingungen seien.

Das Eingebundensein in soziale Netzwerke ist für die Zufriedenheit des Menschen, ebenso wie für ein persönlich kreatives und sozial konstruktives Alter, zentral: Tragfähige Beziehungen zu anderen Menschen vermitteln zum einen das Gefühl sozialer Integration und Partizipation, zum anderen eröffnen sie die Möglichkeit der Weitergabe von Wissen und Erfahrungen. Es ist sicherlich richtig, auch den unterstützenden Charakter sozialer Beziehungen hervorzuheben; doch genauso wichtig sind diese Beziehungen für ein persönlich kreatives und sozial konstruktives Alter. Die Weitergabe von Wissen und Erfahrungen an Angehörige nachfolgender Generationen thematisiert ein für die positive Einstellung zum Alter wesentliches Moment: Nämlich die Möglichkeit zu einem 'mitverantwortlichen' Leben. Aus diesem Grunde wird in dem Leitbild nicht nur von der großen Bedeutung der Beziehungen zur eigenen Generation, sondern auch der Beziehungen zu nachfolgenden Generationen gesprochen. ...

2. Die Bedeutung des Wohnens im Alter

In allen Lebensaltern sind die sozial-strukturellen Rahmenbedingungen des individuellen Lebens für die Lebensqualität sowie für die Entwicklung und Verwirklichung von Kompetenzen wichtig. Zu diesen Rahmenbedingungen zählen materielle und soziale Sicherung der Existenz, zufriedenstellende Wohn-, Bildungs- und Ernährungskomptenzen sowie eine zufriedenstellende medizinische Versorgung (die gegebenenfalls ergänzt wird durch pflegerische Betreuung). Damit ergibt sich auch die Notwendigkeit eines integrativen politischen Gesamtkonzepts zur Förderung sozial-struktureller Rahmenbedingungen des individuellen Lebens.

In der Bundesrepublik Deutschland besteht ein vergleichsweise hoher Standard in den genannten sozial-strukturellen Rahmenbedingungen, der es den meisten Menschen ermöglicht, ein gesichertes und selbstbestimmtes Leben zu führen. Diese Aussage gilt auch für die älteren Generationen. Im Vergleich zu früher verfügen ältere Menschen heute über deutlich höhere materielle, soziale und Bildungsressourcen. Doch dürfen dabei zwei Probleme nicht übersehen werden: Zum einen gehören auch den älteren Generationen von heute Menschen an, bei denen materielle und soziale Risiken bestehen. Zum anderen ist gerade das hohe Lebensalter, das immer mehr Menschen erreichen, mit besonderen gesundheitlichen Risiken verbunden. Diese sozialen, materiellen und gesundheitlichen Risiken zu erkennen und Wege zu eröffnen, durch die diese Risiken verringert werden und durch die trotz gesundheitlicher Einschränkungen ein weitgehend selbständiges und selbstverantwortliches Leben ermöglicht wird, stellt eine bedeutende Aufgabe der Sozialpolitik dar.

In diesem Zusammenhang kommt der Förderung von Wohnbedingungen große Bedeutung zu. Zu den angesprochenen sozialen und materiellen Risiken zählen auch unzureichende Wohnbedingungen sowie die Unsicherheit bezüglich der Aufrechterhaltung bestehender Wohnbedingungen im Alter. Es kommt hinzu, daß gerade unter gesundheitlichen Einschränkungen die Wohnqualität zunehmend wichtiger wird für die Aufrechterhaltung der Selbständigkeit, des vertrauten Aktivitäts- und Interessenspektrums sowie der sozialen Partizipation. Wenn Hilfebedarf besteht, dann beschränkt sich dieser nicht allein auf soziale und institutionelle Unterstützung, sondern er bezieht sich auch auf die Gestaltung der Wohnung und des Wohnumfeldes. Schon durch anregende Sicherheit und Geborgenheit vermittelnde und unterstützende Wohnbedingungen kann erheblich dazu beigetragen werden, daß auch bei einem höheren Grad an Hilfsbedürftigkeit Selbständigkeit in einzelnen Lebensbereichen sowie Zufriedenheit mit der persönlichen Situation erhalten bleiben.

Wohnen hat generell eine zentrale Bedeutung für das körperliche und psychische Wohlergehen sowie für die soziale Integration des Menschen. Diese Bedeutung nimmt im Alter noch zu: Im Vergleich zu früheren Lebensaltern verbringen ältere Menschen einen sehr viel größeren Teil der Zeit in ihrer Wohnung. Damit gewinnt die Wohnung für die Lebensqualität sowie für das Gefühl persönlicher Identität noch größeres Gewicht. Es kommt hinzu, daß der Anregungsgehalt der Wohnung für die physische und soziale Aktivität im Alter noch wichtiger ist als in früheren Lebensabschnitten - was damit zu tun hat, daß sich die Alltagsgestaltung in wachsendem Maße auf die Wohnung und das unmittelbare Wohnumfeld konzentriert. Und schließlich darf die prothetische Wirkung der Wohnung und des Wohnumfeldes nicht übersehen werden: Im Falle des Auftretens von sensorischen und motorischen Einschränkungen gewinnt - neben dem Prinzip der Barrierefreiheit - die Ausstattung mit Hilfsmitteln besonderes Gewicht.

Damit wird auch deutlich, daß die Ausstattung der Wohnung sowie die Gestaltung des Wohnumfeldes dem Menschen helfen können, unveränderbare Einbußen und Verluste zu bewältigen und trotz dieser Einbußen und Verluste eine tragfähige Lebensperspektive aufrechtzuerhalten oder wiederzugewinnen. Erleben und Verhalten in Grenzsituationen sind nicht nur von Merkmalen der Person, sondern auch von Merkmalen ihrer Umwelt beeinflußt. Die Qualität der Wohnung und des Wohnumfeldes entscheiden mit darüber, inwieweit unter hohen körperlichen Belastungen ein selbständiges Leben möglich ist - und damit beeinflussen sie das Lebensgefühl und die Lebenseinstellung des Menschen in dieser Grenzsituation. Zudem können Wohnbedingungen eine Hilfe bei der Verarbeitung des Verlusts nahestehender Menschen bilden: Die soziale Integration, die auch von bestehenden Wohnbedingungen beeinflußt ist, fördert die Verarbeitung sozialer Verluste.

3. Verständnis von Alter im Kontext zu Wohnen im Alter

Die Kommission ordnet den Person-Umwelt-Beziehungen für das Verständnis des Erlebens und Verhaltens sowie der Leistungsfähigkeit und Selbständigkeit des Menschen zentrale Bedeutung zu. An die Stelle einer rein personologischen Sichtweise von Entwicklungen, die allein Veränderungen in der Person berücksichtigt, sollte eine transaktionale Sichtweise treten, die Entwicklung als das Resultat von Wechselwirkungen zwischen der Person und ihrer Umwelt versteht. Fähigkeiten und Fertigkeiten differenzieren sich in der Auseinandersetzung des Menschen mit Anregungen und Anforderungen seiner Umwelt. Bedürfnisse, Ziele und Werte des Menschen bilden sich unter dem Einfluß der Umwelt aus; umgekehrt bestimmen sie mit, welche Umwelten aufgesucht und wie diese Umwelten gestaltet werden.

Das für die Gerontologie zentrale Konstrukt der Kompetenz geht von dieser transaktionalen Sichtweise aus. Versteht man unter Kompetenz jene 'Fähigkeiten und Fertigkeiten des Menschen, die zur Aufrechterhaltung eines selbständigen, selbstverantwortlichen und sinnerfüllten Lebens in einer bestehenden Umwelt notwendig sind' (vgl. Kruse, 1989), so wird auch deutlich, daß die Fähigkeiten und Fertigkeiten im Kontext der Anforderungen betrachtet werden müssen, die die Umwelt stellt, sowie der Anregungen, die von dieser ausgehen. Dabei interessieren nicht nur 'aktuelle', sondern auch 'frühere' Anforderungen und Möglichkeiten; denn diese haben Einfluß auf die Ausbildung von Fähigkeiten und Fertigkeiten ausgeübt. Des weiteren hat sich unter diesen Anforderungen und Möglichkeiten ein bestimmtes Anspruchsniveau ausgebildet, das eine bedeutende Grundlage für den Grad der Zufriedenheit mit bestehenden Umweltbedingungen bildet.

Übersicht II/1 gibt einen Überblick über Bereiche der Umwelt, die Einfluß auf die Kompetenz des älteren Menschen ausüben oder, genauer, die die Kompetenz des älteren Menschen beeinflussen.

Mit dem Thema 'Wohnen im Alter' sind alle der in Übersicht II/1 differenzierten Umweltbereiche angesprochen. Die Wohnqualität ist nicht allein von der räumlichen Umwelt bestimmt, sondern auch von Beziehungen und Kontakten zu Angehörigen, Nachbarn, Freunden und Bekannten. Hinzu kommen die Angebote der infrastrukturellen Umwelt, die im Sinne der (bestehenden oder fehlenden) Anregung und Unterstützung zu interpretieren sind.

Der in der genannten Kompetenz-Definition gebrauchte Begriff der 'bestehenden Um-

welt' ist zu spezifizieren, wenn eine Antwort auf die Frage gegeben werden soll, inwieweit durch die Gestaltung der Umwelt zur Aufrechterhaltung eines selbständigen, selbstverantwortlichen und sinnerfüllten Lebens beigetragen werden kann.

Soziale Umwelt
- Grad der sozialen Integration (innerhalb und außerhalb der Familie)
- Erreichbarkeit von Angehörigen, Freunden und Nachbarn
- Haushaltsform (Anzahl der Personen und Generationen im Haushalt, Pro-Kopf-Einkommen)
- Art und Umfang aktueller Verpflichtungen innerhalb und außerhalb der Familie
- Art und Umfang der Unterstützung durch Angehörige, Freunde und Nachbarn
- Einstellung und Verhalten der Bezugspersonen gegenüber dem älteren Menschen
- Einstellung der Gesellschaft zum Alter (gesellschaftliches Altersbild)

Räumliche Umwelt
- Verfügbarkeit von Wohnraum
- Wohnungsqualität
- Größe der Wohnung, Nutzung der einzelnen Räume, Wohnungsdichte
- Wohnungsausstattung (zum Beispiel sanitäre Ausstattung, Barrieren, Hilfsmittel)
- Wohnlage (Anbindung an Verkehrsnetz, Nähe zu Geschäften und Behörden)
- Verkehrsgestaltung (zum Beispiel Anpassung an gesundheitliche Risiken des Alters)
- Ökologische Faktoren (zum Beispiel Schadstoffe, Hygiene, klimatische Faktoren)

Infrastrukturelle Umwelt
- Umfang und Qualität kultureller und sozialer Angebote in der näheren Umgebung
- Umfang und Qualität der ärztlichen Betreuung
- Umfang und Qualität der Pflege
- Umfang und Qualität der Unterstützung durch mobile Dienste (zum Beispiel Hauswirtschaftshilfen, fahrbarer Mittagstisch)
- Umfang und Qualität teilstationärer und stationärer Angebote
- Berücksichtigung der Bedürfnisse älterer Menschen bei der Planung und Verabschiedung von Gesetzen („rechtliche Umwelt")
- Vertretung der älteren Menschen in Gesellschaft und Politik (Zum Beispiel durch Beiräte)

(Quelle: nach Kruse, 1996a)

Abb. 1
EINFLUßFAKTOREN UMWELT
AUF KOMPETENZ IM ALTER
(Ü II/1)

Wenn man bedenkt, daß auch im Alter das Potential zur Aufrechterhaltung oder Erweiterung bestimmter Fertigkeiten besteht, dann gewinnt das Merkmal der Anregung besondere Bedeutung. Anregende und stimulierende Umweltbedingungen wirken sich positiv auf zentrale Bereiche wie körperliche und geistige Leistungsfähigkeit sowie Stimmung und Lebenszufriedenheit aus.

Berücksichtigt man ferner die im Alter zunehmende Bedeutung von Verlusten (im gesundheitlichen und sozialen Bereich), so gewinnt eines weiteres Umweltmerkmal an Bedeutung, das in der sozialen Unterstützungsforschung mit emotionaler und instrumenteller Unterstützung umschrieben wird. Emotionale und instrumentelle Unterstützung haben zentrale Bedeutung für die gelingende Bewältigung von Belastungen sowie für die Aufrechterhaltung (oder Wiederherstellung) der Selbständigkeit.

Doch ist dabei auch zu betonen, daß die positiven Auswirkungen der Unterstützung nur dann wirklich sichtbar werden, wenn diese zur selbstverantwortlichen Auseinandersetzung mit Anforderungen motiviert. Die Differenzierung zwischen 'selbständigkeits- und abhängigkeitsorientierter Unterstützung' spricht diesen Aspekt ausdrücklich an. Umwelten können durch die Art der Unterstützung Abhängigkeit fördern, indem sie die Mobilität einschränken (Beispiel: einem Menschen wird alles gebracht, für ihn wird alles getan) und das Gefühl der Selbstverantwortung schwächen (Beispiel: andere sorgen für mich, ich brauche selbst nichts zu tun). Langfristig reduziert die abhängigkeitsorientierte Unterstützung physische, kognitive und psychische Ressourcen. Umgekehrt zielt selbständigkeitsorientierte Unterstützung darauf, ein möglichst hohes Maß an Unabhängigkeit und Eigeninitiative zu erhalten und zu fördern. Grundlage dafür bilden die differenzierte Erfassung sowohl der Möglichkeiten wie auch der Grenzen individuellen Handelns und die differenzierte Einschätzung möglicher Interventionseffekte bei einem Menschen.

Aus einer stärker umweltbezogenen Perspektive läßt sich die genannte Definition von Kompetenz wie folgt erweitern: Sie umfaßt die 'Fähigkeiten und Fertigkeiten zur Aufrechterhaltung eines selbständigen, selbstverantwortlichen und sinnerfüllten Lebens in einer anregenden, unterstützenden und die selbstverantwortliche Auseinandersetzung mit Anforderungen fördernden Umwelt' (vgl. Kruse, 1996b).

Soweit die Auszüge aus Kapitel II »Alter - Gesellschaft - Wohnen« des Berichtes der Sachverständigenkommission.

Der Deutsche Bundestag hat bereits auf seiner 70. Sitzung am 16.01.1992 einstimmig festgestellt:
»Wohnungspolitik für alte Menschen ist Teil einer umfassenden Gesellschaftspolitik, die der demographischen Entwicklung, der veränderten Lebensweise innerhalb der Generation der älteren Menschen und neuen psycho-sozialen Erkenntnissen Rechnung tragen muß. Wohnungspolitik für alte Menschen muß dem Ziel dienen, das Zusammenleben der Generationen zu fördern und einer Ausgrenzung älterer Menschen entgegenzuwirken«
(Deutscher Bundestag 1991 Seite 3) und die Bundesregierung, die Länder und die Gemeinden zu einer Reihe förderlicher Maßnahmen aufgefordert.

Die Berichterstatter im Ausschuß für Raumordnung, Bauwesen und Städtebau Peter Götz und Gabriele Iversen weisen auf die Nachfrage nach Wohnraum für ältere Menschen hin und betonen:
»Die qualitative und quantitative Deckung dieses Bedarfs darf nicht dem Zufall überlassen werden. Gefragt ist vorausschauendes Handeln. Städtebau, Wohnungsbau und die Gestaltung des Wohnumfeldes müssen verstärkt auf die Bedürfnisse der älteren Menschen hin überprüft, umgestaltet und angepaßt werden. Neuplanungen müssen vorausschauend die sich verändernden Familien-, Wohn- und Lebensformen der Gesellschaft in den kommenden Jahrzehnten berücksichtigen. Flexibilität bei der Grundrißgestaltung von Wohnungen ist gefragt, damit den unterschiedlichen Wohnbedürfnissen kostengünstig Rechnung getragen werden kann. Dabei verbieten sich eingleisige Lösungen. Die Bedürfnisse älterer Menschen sind sehr unterschiedlich. Manche bevorzugen das Zusammenleben mit ihrer Altersgruppe, manche wohnen lieber mit mehreren Generationen im Haus. Wieder andere erproben neuen Wohnformen in dem Wunsch nach Gemeinsamkeit und gegenseitiger Hilfe. Die Bereitstellung von mehr pfle-

ge- und betreuungsgerechten Wohnungen ist erforderlich«
(Deutscher Bundestag 1991 Seite 7).

Die Berichterstatter weisen auf die Notwendigkeit der Instandsetzung und Modernisierung des Wohnungsbestandes und des Wohnumfeldes vor allem in den neuen Bundesländern und vor allem im Interesse der älteren Menschen (unter dem Aspekt erträgliche Mieten) hin. Sie fordern, die Betreuung in den Wohnquartieren, auch in den alten Bundesländern - die Präsenz der sozialen Dienste und neben den Hilfs- und Pflegediensten auch die Hilfe zur Teilnahme alter Menschen am sozialen und kulturellen Leben ihres Stadtteils - voranzubringen.

Die unternehmerische Wohnungswirtschaft unter dem Dach des GdW Bundesverband deutscher Wohnungsunternehmen widmet seit Jahren der Anpassung unzureichender Wohnungen an die modernen Bedürfnisse des Wohnens ihrer Mieter durch Instandsetzung und Modernisierung wie durch Neugestaltung des Wohnumfeldes große Aufmerksamkeit. Mit im Jahr rund 250 000 Wohnungen, in denen modernisiert wurde, ist in den letzten 15 Jahren in den alten Bundesländern der Wohnungsbestand weitgehend in Ordnung gebracht worden.

In den neuen Bundesländern wurde in kurzer Zeit seit der Wiedervereinigung mit rd. 1,9 Millionen Wohnungen mehr als zweidrittel des Wohnungsbestandes instandgesetzt bzw. modernisiert und damit das Leben auch vieler älterer Menschen entscheidend erleichtert.

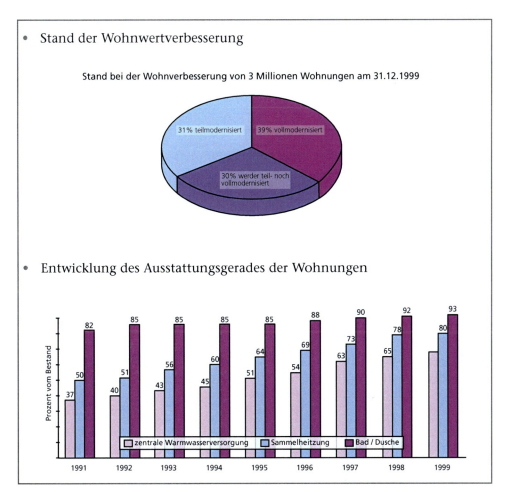

- Stand der Wohnwertverbesserung

Stand bei der Wohnverbesserung von 3 Millionen Wohnungen am 31.12.1999

31% teilmodernisiert
39% vollmodernisiert
30% werder teil- noch vollmodernisiert

- Entwicklung des Ausstattungsgerades der Wohnungen

Abb. 2
BESTANDPFLEGE IN DEN NEUEN BUNDESLÄNDERN IM GDW-BEREICH
(Quelle: GdW Daten + Fakten 1999/2000)

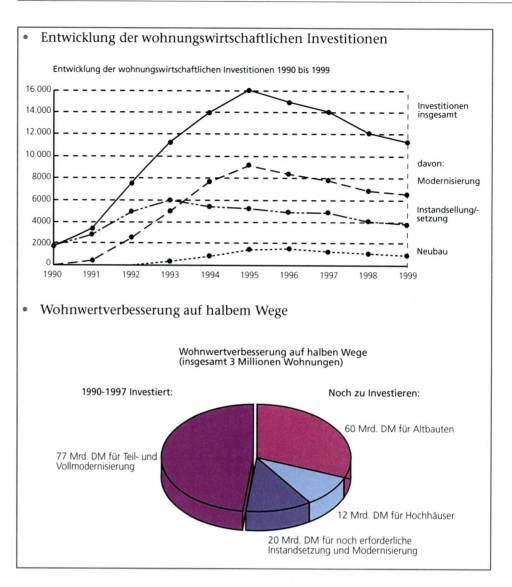

- Entwicklung der wohnungswirtschaftlichen Investitionen

Entwicklung der wohnungswirtschaftlichen Investitionen 1990 bis 1999

- Wohnwertverbesserung auf halbem Wege

Wohnwertverbesserung auf halben Wege
(insgesamt 3 Millionen Wohnungen)

1990-1997 Investiert:

Noch zu Investieren:

60 Mrd. DM für Altbauten

77 Mrd. DM für Teil- und Vollmodernisierung

12 Mrd. DM für Hochhäuser

20 Mrd. DM für noch erforderliche Instandsetzung und Modernisierung

Dies ist ein erster, wichtiger Ansatz zur Lebensverbesserung, aber er reicht nicht aus, um die Herausforderung einer älter werdenden Gesellschaft zu bestehen.

Der GdW hat bereits 1987 im Kontext mit dem 4. Familienbericht der Bundesregierung »Die Situation der älteren Menschen in der Familie« (BMJFFG 1986) und dem Bericht des Kuratoriums Deutsche Altershilfe (Stolarz 1986) in seiner Schrift
– Wohnen im Alter
  GdW-Materialien N°19
  und 1994 in seinem »Modernisierungshandbuch« im Kapitel
– Bestandsentwicklung für das Wohnen im Alter
  GdW-Schriften N°43
auf die vielfältigen Ansätze und Projekte der Wohnungsgesellschaften und Wohnungsgenossenschaften hingewiesen. Hier wurden Möglichkeiten aufgezeigt, in Kooperation mit den Gemeinden und den Trägern der sozialen Arbeit die Lebensumwelt der Älteren zu verbessern, wobei, ganz im Sinne der Sachverständigenkommission, die Lebenswelt der Älteren, der Quartiersbezug, die Nachbarschaft, der Generationenverbund, in den Mittelpunkt altersgerechter Bestandsentwicklung gestellt wurde.

»Die gemeinnützige Wohnungswirtschaft weist seit langem darauf hin, daß die staatliche Förderung von Wohnungsneubau und Modernisierung, die inzwischen immer geringer geworden ist, insbesondere im Interesse der älteren, einkommensschwachen" Mieter unverzichtbar ist, wenn die Zielsetzung der staatlichen Alten- und Familienpolitik erreicht werden soll... Doch es geht nicht nur um Geld - so notwendig es ist -, es geht auch und vor allem um ein neues Verständnis für das Wohnen im Alter bei allen beteiligten und betroffenen Partnern, und es geht um eine intensivere partnerschaftliche Kooperation, die, weg vom Sektorendenken, die Menschen in ihrem Lebenszusammenhang, in ihren sozialen und räumlichen Verbünden sieht: auf der Ebene des Bundes, der Länder und vor Ort, dort, wo die jetzigen und die potentiellen Senioren nicht nur wohnen, sondern leben.«
(Großhans 1997, Seite 27)

In zahlreichen Veröffentlichungen, in Seminaren, Fachveranstaltungen, im Rahmen der Wettbewerbe zum Bauherrenpreis »Hohe Qualität-tragbare Kosten« der Arbeitsgruppe KOOPERATION GdW-BDA-DST, beim jährlichen Dr. Julius-Brecht-Fonds Seminar »Soziales Management« für Nachwuchsführungskräfte, durch die FWI Führungsakademie der Wohnungs- und Immobilienwirtschaft, wird die Thematik »Wohnen im Alter« durch den GdW und seine Mitgliedsverbände in allen Facetten bearbeitet, abgehandelt und dem Erfahrungsaustausch zugänglich gemacht. Diese Kenntnisse konnten in die Arbeit der Sachverständigenkommission, gestützt auf praxisrelevante Beispiele aus der Arbeit unserer Wohnungsunternehmen, eingebracht werden.

Neben der Erörterung von Zielstellung und Konzeption des Berichtes, der Begutachtung von Expertisen, der Stellungnahme und Beratung der einzelnen Fachkapitel und der Ausarbeitung von diesbezüglichen Unterthemen (z.B. zur Planungsqualität, zu Kooperationspartnern, zum kosten- und flächensparenden Bauen) für das Wohnen im Alter wurde der Verfasser mit der eigenständigen Erarbeitung des Kapitels V »Wohnumfeld und Quartiersgestaltung« des Berichtes der Sachverständigenkommission beauftragt.

Der, nach Abstimmung mit den relevanten Fachthemen anderer Kommissionsmitglieder, der Sachverständigenkommission vorgelegte und auf der 12. Arbeitssitzung am 24. Mai 1997 in Hannover einmütig gebilligte Text (35 Seiten und 61 Abbildungen) bildet die Grundlage der folgenden Darstellung.

Sie wurde ergänzt durch Wiederhereinnahme einiger Schaubilder und Aspekte, die sich im Kommissionsbericht jetzt an anderer Stelle befinden, und zahlreiche weitere Beispiele aus der Unternehmenspraxis. Ihre Auswahl erfolgte unter dem Gesichtspunkt, jeweils einige unterschiedliche Ansätze zur Problemlösung oder Ansätze in unterschiedlichen Quartierskategorien 'optisch' als Stichwort zugänglich zu machen und den Erfahrungsaustausch anzuregen (hierzu die Liste der Unternehmen im Anhang).

Nicht abgehandelt wurde das Wohnen im Alter im engeren Sinne, d.h. die altersgerechte Wohnung und das Wohngebäude. Dies geschieht an anderer Stelle des Berichtes der Sachverständigenkommission (Kapitel IV - Großjohann).

Der Arbeitsauftrag der Sachverständigenkommission ließ es verständlicherweise nicht zu, daß in den Fachkapiteln bemerkenswerte Projekte ausführlich dargestellt werden konnten. Hier wird zur Vertiefung auf die vom Verfasser betreute, im Auftrag der Sachverständigenkommission erstellte Expertise verwiesen:

Dokumentation »Wohnen im Alter« - Bemerkenswerte Handlungsansätze und realisierte Projekte in Deutschland, die das InWIS Institut für Wohnungswesen, Immobilienwirtschaft, Stadt- und Regionalentwicklung an de Ruhr-Universität Bochum erarbeitet hat.

Weitere bemerkenswerte Beispiele zum Thema 'Wohnen im Alter' finden sich in den

* Dokumentationen zum Bauherrenpreis »Hohe Qualität - tragbare Koten«
  der Arbeitsgruppe KOOPERATION GDW-BDA-DST
  1986 - 1988 - 1992 - 1994 - 1196 - 1997 - 1998 - 1999 und 2000
* Dokumentationen der Dr. Julius-Brecht-Fonds Förderlehrgänge für Nachwuchsführungskräfte der Wohnungswirtschaft
  »Steuerungselemente des sozialen Managements«
  1994 - 1995 - 1996 - 1997 - 1998 und 2000, die vom Verfasser betreut wurden.

sowie der

* Dokumentation zum Preis Soziale Stadt 2000
  der Auslobergruppe DST-AWO-GdW-Schader-Stiftung-vhw-BGW der am
  11.1.2001 in Berlin übergben wurde.

Abschließend sei hingewiesen auf die Expertisen, die im Auftrag der Sachverständigenkommission für die Erstellung des 2. Altenberichtes der Bundesregierung in Auftrag gegeben wurden (Verzeichnis in der Anlage) und die für die unternehmerische Praxis z.T. interessante und nützliche Informationen enthalten. Sie sind durch das DZA Deutsche Zentrum für Altersfragen, Berlin zusammengefaßt und veröffentlicht worden unter folgenden Themen:

Bd 1 **Wohnbedürfnisse, Zeitverwendung und soziale Netzwerke älterer Menschen**
- Wohnsituation älterer Migranten
- Regionale Wohnverhältnisse älterer Migranten
- Ambulante und stationäre Versorgungssituation im Wohnumfeld älterer Migranten und Aussiedler

Bd 2 **Regionales Altern und Mobilitätsprozesse Älterer**
- Regionale Alterung, Haushalt- und Wohnungsmarktentwicklung
- Regionale Unterschiede von Alterungsprozessen und wohnungspolitische Rahmenbedingungen

Bd 3 **Wohnformen älterer Menschen im Wandel**
- Soziale Netzwerke älterer Menschen in ihrem Wohnquartier
- Zeitverwendung und Wohnen im Alter
- Lebenslagen der Generationen in den alten und neuen Bundesländern

Bd 4 **Wohnverhältnisse älterer Migranten**
- Ausgestaltung des Anwendungsbereichs des Heimgesetzes
- Betreutes Wohnen in Altenwohnheimen und Altenwohnanlagen

Bd 5 **Betreutes Wohnen und Wohnen im Heim - Rechtliche Aspekte**
- Bemerkenswerte Handlungsansätze und Projekte (Dok)
- Rahmenbedingungen betreuter Wohngruppen älterer Frauen
- Barrierefreies Wohnen spez. mit Blick auf Wohngemeinschaft

Prof. Dr. Wilfried Echterhof, Gesamthochschule Wuppertal, will seine für Kapitel VI gefertigte Ausarbeitung »Wohnen und Verkehr«, die ebenfalls nur als

Extrakt stark verkürzt in den Bericht der Kommission aufgenommen werden konnte, mit dem DZA veröffentlichen. Auch dieser Bericht enthält wertvolle Sachinformationen und Denkanstöße für unsere Praxis.

Das differenzierte Inhaltsverzeichnis des 2. Altenberichts der Bundesregierung »Wohnen im Alter« 1998 ist als Anlage beigefügt. Auf das für unsere Thematik hochinteressante aktuelle Modellprogramm des Bundesministeriums für Familie, Senioren, Frauen und Jugend »Selbstbestimmt Wohnen im Alter« 1998-2001 gehe ich im letzten Kapitel im Interesse des Wissenstransfers kurz ein.

2 Abgrenzung und Charakteristik des Wohnumfeldes

Das Wohnumfeld beginnt bei der Wohnungstür, d.h. im Mietwohnungsbau dort, wo die private Sphäre sich von der öffentlichen Sphäre scheidet, wo privates Verhalten in Verhalten im öffentlichen Raum umschlägt - unbeschadet der rechtlichen Trennung zwischen Privateigentum und kommunalem Eigentum. Es ist strukturiert in private, halbprivate, halböffentliche und öffentliche Bereiche mit unterschiedlicher Nutzungsintensität, unterschiedlichen Ausstattungselementen und unterschiedlichen Verhaltensweisen - immer aber ein Feld mehr oder weniger intensiver oder häufiger - aktiver oder passiver - sozialer Kontakte.

Das Wohnumfeld ist ganzheitlich zu sehen als Lebensraum von Menschen und sozialen Gruppierungen, zu denen auch die Älteren gehören. Es ist zum einen räumliches Wohnumfeld, das durch markante städtebauliche Grenzen und/oder durch spezifische Nutzungsweisen der Bewohner selbst definiert wird. Zum anderen ist es soziales Wohnumfeld, in dem besonders soziale Netze aufgebaut, soziale Dienste angeboten/nachgefragt werden, in dem nachbarschaftliches Verhalten der Bewohner stattfindet.

Die Lebensqualität im Wohnumfeld bestimmt sich nicht nur nach Art, Umfang und 'Nützlichkeit' von gebauten/geplanten Elementen, von Sozial- und Dienstleistungseinrichtungen, sondern auch von informellen und institutionalisierten Organisationsstrukturen.

Abb. 3
DIFFERENZIERTE BEWOHNER-
STRUKTUREN
Junge und Alte, Altsassen und
Neubürger, von überall her in

links
Nürnberg-Gostenhof

oben rechts
Köln-Mülheim

unten rechts
Hamburg-Heimsfeld

Die älteren Menschen werden auch hier nicht als eine spezifische 'Sondergruppe' aufgefaßt, für die es bei der Weiterentwicklung von Wohnquartieren 'Sonderlösungen' zu schaffen gilt. Vielmehr sind sie Mitglieder, Angehörige mehr oder weniger fester sozialer Gruppen, von Familien, von Lebensgemeinschaften, von Nachbarschaften mit einem Netz sozialer und ökonomischer Beziehungen, mit unterschiedlichen Altern, für deren Funktionieren im Wohnumfeld geeignete Vorkehrungen getroffen werden müssen.

Für die städtebaulichen wie für die sozialplanerischen Aktivitäten der Gemeinde ebenso wie für das soziale Management der Träger der sozialen Arbeit und der unternehmerischen Wohnungswirtschaft vor Ort ergeben sich unterschiedliche Aufgabenstellungen und Handlungsfelder für die Wohnumfeld- und Quartiersgestaltung. Hierbei muß unterschieden werden, ob es sich um die Planung einer neuen, in sich abgeschlossenen Siedlungseinheit oder die Einfügung eines neuen Quartiers in die vorhandene Bebauung, ob es sich um die städtebauliche Erneuerung sanierungsbedürftiger Innenstadtgebiete oder um die Ergänzung der Ausstattung alter Wohnquartiere oder neuerer Großsiedlungen handelt. Die notwendige Zusammenarbeit der unterschiedlichen Akteure, auf der Grundlage regionaler und/oder quartiersbezogener Bedarfs- und Bedürfnisanalysen, hängt erheblich von der spezifischen Charakteristik der Wohnquartiere ab, wie sie z.B. Heidrun Mollenkopf in ihrer vergleichenden Analyse von Chemnitz und Mannheim exemplarisch herausgearbeitet hat (Mollenkopf 1997, Seite 16ff).

Die Charakteristik der unterschiedlichen Wohnquartiere, in denen unterschiedlich viele ältere Menschen wohnen, wurde im 2. Altenbericht eingehend dargestellt (Kapitel Tahlgot). In diesem Zusammenhang soll hier noch einmal der Aspekt der jeweils vorfindbaren spezifischen Ressourcen aufgegriffen werden, die es zu erkennen, zu erhalten und auszubauen gilt.

Dies gilt einmal für die städtebauliche, erschließungstechnische und freiraumgestalterische Struktur, sowie das vorfindbare bzw. geplante Wohnungsgefüge, die Bevölkerungsstruktur mit besonderer Beachtung der älteren Menschen und ihrer Entwicklungstendenzen und die vorhandene Infrastrukturausstattung (die heute vielfach infolge der Sparmaßnahmen der öffentlichen Hand durch 'Ausdünnung' bedroht ist). Dies gilt auch für die (noch vorhandenen) sozialen Netze und informellen Kommunikationsaktivitäten, die gestützt und ausgebaut werden müssen.

Als Arbeitsfeld für Aktivitäten zur Weiterentwicklung seniorentauglicher Wohnumfeld- und Quartiersgestaltung sind mehrere charakteristische Wohngebietstypen zu nennen, in denen heute oft überdurchschnittlich viele Ältere wohnen:

- eng bebaute, innerstädtische Altbauquartiere
- weitläufig angelegte Eigenheimsiedlungen
- gartenstädtische Wohnanlagen
- Reformsiedlungen der 20er Jahre
- niedriggeschossige Siedlungen der 50er/60er Jahre
- hochgeschossige Großwohnanlagen der 70er/80er Jahre.

Diese Wohngebietstypen unterscheiden sich nicht nur in ihren räumlich-gestalterischen Qualitäten und Defiziten, sondern auch in ihrer 'Organisation' aufgrund unterschiedlicher Eigentümerstrukturen.

Die weitläufig angelegten, monostrukturierten Eigenheimsiedlungen in Randla-

ge der Städte sind zwar in aller Regel üppig durchgrünt und unterliegen als reine Wohngebiete kaum Belästigungen, sie sind jedoch vielfach auf die Benutzung privater Pkw angewiesen und verfügen in der Regel nur über eine spärliche kommerzielle und soziale Infrastruktur.

Noch nie gab es in Deutschland so viele Senioren, die - oft erstmals in der jeweiligen Familienbiographie - sich Wohnungseigentum geschaffen haben und über - bescheidene - Vermögen verfügen. Seit Ende des 2. Weltkrieges wurden vor allem in den alten Bundesländern viele Millionen Eigenheime gebaut. Die Eigentümer in den Eigenheimsiedlungen der 50er und 60er Jahre sind vielfach heute 'in Rente', sie sind von den skizzierten gesellschaftlichen und ökonomischen Entwicklungen - Wegzug jüngerer Generationen, Ausdünnung der ökonomischen und sozialen Infrastruktur usw. - ebenso betroffen wie die Mieter älterer Neubaugebiete, verfügen jedoch in der Regel über wirtschaftliche Voraussetzungen, sich eine altersgerechte Wohnsituation schaffen zu können.

Was diesen vielen Einzelnen vielfach fehlt, sind ihren Vorstellungen entsprechende Angebote und ein vertrauenswürdiges qualitäts- und kostenbewußtes Management. Beispiele für die seniorenorientierte Anpassung des Wohnumfeldes und die Quartiersgestaltung von größeren Eigenheimsiedlungen sind -

Abb. 6
GLEICHFÖRMIGE WOHNUM-
FELDQUALITÄTEN
in Einfamilienhaus-Siedlungen
im Bergischen Land - 1996

abgesehen von punktuellen Ergänzungsmaßnahmen im sozialpflegerischem Bereich - noch selten. Hierzu müßten sich Akteure aus Gemeinde, Wohl-fahrtsträger, Investoren und Eigenheimern zusammenfinden.

Die wohnungs- und sozialpolitischen Herausforderungen speziell für die Ge-meinden liegen in der räumlich differenzierten Bedarfserkundung, der stadtpla-nerisch notwendigen Zweitbearbeitung der Eigenheimgebiete, im baurechtlichen Gängigmachen und in der fallweisen Bereitstellung von Förderungsmitteln für Altersanpassung im Umbau wie im Wohnumfeld, sowie in der Sicherung der notwendigen öffentlichen Infrastruktur. Dazu gehört verstärkt der öffentliche Nahverkehr, wenn die eigenen Pkw stillgelegt werden.

Die innerstädtischen Altbaugebiete der Jahrhundertwende zeichnen sich viel-fach aus durch eine relativ reichhaltige infrastrukturelle Ausstattung, die auf kur-zen Wegen zu erreichen ist. Ihre Umweltqualität wird oft eingeschränkt durch

Abb. 7/8
WOHNUMFELD
Gründerzeit-Quartier
Berlin-Wedding

Abb. 9/10
WOHNUMFELD
Gründerzeit-Quartier
links
Frankfurt(Oder)-
Altberesinchen

rechts
Köln-Mülheim

fehlende Grün- und Freiflächen, durch hohe Verkehrs- und Lärmbelästigung und Störungen durch gewerbliche Nutzung. Da die Wohngebäude in der Regel im Eigentum einzelner privater Hausherren stehen, die selten miteinander kooperieren, muß eine quartiersbezogene Wohnumfeldentwicklung speziell im Interesse der alten Menschen durch die Stadt oder durch treuhänderische Sanierungsträger geplant und organisiert werden.

Zahlreiche Beispiele deutscher Städte zeigen, wie durch Stadtteilplanung, Hofbegrünung, Verkehrsberuhigung, infrastrukturelle Nutzung brachfallender Gewerbegebäude, Westentaschenparks und Baumpflanzungen in diesen Quartieren die Lebenssituation der Älteren verbessert werden kann. In der Regel ist dies nur durch Einsatz staatlicher oder kommunaler Förderungsmittel möglich, da die oft bescheidenen Renten der Mieter bzw. der Eigentümer keinen Spielraum für private Investitionen geben.

Abb. 11/12
WOHNUMFELD
Bergarbeiter-Kolonie
19. Jahrhundert
Duisburg-Hamborn

Für den Wohnungsbestand der unter dem Dach des GdW zusammengeschlossenen rd. 3200 Wohnungsunternehmen ist es eigentümlich, daß er - seit dem Ende des 19. Jahrhunderts, beginnend mit dem Werkswohnungs- und Genossenschaftsbau - vielfach in stadträumlich erkennbaren Quartieren und Siedlungen mit je zeittypischen Ausprägungen zusammenliegt. Schon immer waren die Wohnungsunternehmen nicht nur für Wohnung und Haus, sondern für Wohnumfeld und Ausstattung verantwortlich. Sie kümmerten sich auch um Nachbarschaft und Zusammenleben ihrer jungen und alten Mieter. Mit ihnen stehen den Städten und Gemeinden wie den Wohlfahrtsverbänden und Gewerben professionell handelnde unternehmerische Partner zur altersfreundlichen Wohnumfeld- und Quartiersgestaltung zur Seite (GdW 1994).

Im traditionellen Siedlungsbau, der sich in der Zeit vor dem Zweiten Weltkrieg in Ost und West nicht unterscheidet und auch noch in den Not- und Aufbauzeiten der 50er Jahre sehr ähnlich ist, können die Erfahrungen der Unternehmen in den alten Bundesländern unmittelbar für die Aufgabenstellung in den neuen Bundesländern nützlich sein.

Abb. 13/14
WOHNUMFELD
Genossenschafts-Quartier
19./20. Jahrhundert
Dresden-Cotta

Die wohntechnischen Mängel der alten Siedlungen, unter denen besonders die älteren Mieter leiden, wie Ofenheizung, fehlende Isolierung, schlechte Sanitärausstattung usw., und die damit auch die Ansatzpunkte für die erforderlichen bautechnischen Maßnahmen (und die zu erwartenden Baukosten) geben, sind bekannt.

Die alten Siedlungen haben aber auch gewisse Ressourcen und Qualitäten, die es zu erkennen und klug zu nutzen gilt, will man den Bestand auf Dauer an zeitgemäße Bedürfnisse anpassen:

- Die Häuser sind selten höher als vier Geschosse, die Geschoßflächenzahl ist mit 0,4-0,6 relativ gering, die Häuser stehen weiträumig im Grünen. Damit gibt es, wie zahlreiche Bespiele zeigen, Gelegenheit zur behutsamen Nachverdichtung, z.B. durch zusätzliche Altenwohnungen und Gemeinschaftseinrichtungen. Das Wohnumfeld ist häufig zwar kahl und ungestaltet, aber Bäume sind inzwischen vielfach aufgewachsen, es ist Platz vorhanden für ergänzende Freizeitanlagen, auch für die dezentralisierte Unterbringung des ruhenden Verkehrs (bei zunehmender Kfz-Dichte ein gravierendes Problem in den neuen Ländern). Es ist Platz für Mieterinitiativen mit Gemeinschaftshäusern, Spielstuben, Mietergärten und für Feste.
- Hier wohnt eine in der Regel lang ansässige treue Mieterschaft, die viele Jahre des Mangels gemeinsam überstanden hat, nun in der Siedlung alt geworden ist und die sicher vielfach motiviert werden kann, unter neuen Rahmenbedingungen 'ihrer Siedlung' zu neuem Glanz zu verhelfen, sofern das Unternehmen in Zusammenarbeit mit der Gemeinde ein sozialorientiertes Quartiermanagement zustande bringt.

Abb. 15/16
WOHNUMFELD
Gartenstadt-Siedlung
Kaiserslautern-Galgenschanze

Abb. 17
WOHNUMFELD
Gartenstadt-Siedlung
Potsdam-Am Schragen

Abb. 18/19
WOHNUMFELD
Siedlung der 20er Jahre
links
Magdeburg-Marie-Curie-
Siedlung

rechts
Berlin-Reinickendorf
Weiße Stadt

Abb. 20/21
WOHNUMFELD
Siedlung der 50er Jahre
Leverkusen-Rheindorf

Abb. 22
WOHNUMFELD
Siedlung der 60er Jahre
Suhl-Nord

Anders sieht es aus, wenn wir an die Instandsetzung, Modernisierung und Wohnumfeldgestaltung des neueren Wohnungsbestandes der 60er und 70er Jahre, und in den neuen Bundesländern auch bereits der 80er Jahre, insbesondere der hochgebauten Großsiedlungen, denken.

Die Charakteristik von Wohnumfeld und Quartiersgestaltung in den Großsiedlungen der 70er/80er Jahre unterscheidet sich, auch was die Organisation des sozialen Lebens angeht, in den alten und neuen Bundesländern beachtlich.

In den alten Bundesländern sind hier von vielen Unternehmen in Zusammenarbeit mit den Gemeinden, unterstützt und gefördert durch Modellvorhaben im Rahmen des BMBau-Forschungsfeldes »Großsiedlungen« (BMBau 1988, 1990), erhebliche Anstrengungen zur Nachbesserung und Weiterentwicklung der großen Neubauquartiere erfolgt. Ihre Ergebnisse lassen sich allerdings, vor allem was die Bautechnik angeht, auf die hier nicht eingegangen wird, nur bedingt auf die Aufgabenstellungen in den neuen Bundesländern übertragen

Abb. 23/24
WOHNUMFELD
Großsiedlungen in den alten
Ländern
oben
Berlin-Märkisches Viertel

unten
Bremen-Tennever

Hier müssen situationsspezifisch je eigene konzeptionelle Ansätze und Maß-
nahmenbündel für die Instandsetzung, Modernisierung, Wohnumfeldgestaltung und Stadtteilentwicklung der Bestände des industrialisierten Wohnungsbaus - auch unter dem Aspekt Alter - entwickelt und umgesetzt werden. Das
Bundesministerium für Raumordnung, Bauwesen und Städtebau (heute Bundesministerium für Verkehr, Bau- und Wohnungswesen, BMVBW) hat auch hierzu
ein diesbezügliches Forschungsfeld im EXWOST-Programm mit zahlreichen Mo-
dellprojekten in den neuen Bundesländern eröffnet und mit den Gemeinden,
den Wohnungsgesellschaften und Genossenschaften, den Wohlfahrtsträgern
und den Bewohnern durchgeführt (BMBau 1991, 1994).

Auch in den neueren Siedlungen der 70er und 80er Jahre, in denen das Thema
'Wohnen im Alter' infolge des geringeren Anteils älterer Menschen - noch - keine dominierende Rolle spielt, ist gerade in den neuen Bundesländern präventi-
ves Handels gefordert, da, wie die demographischen Daten aussagen, die 'Altenwelle' kommt.

Abb. 25/26
WOHNUMFELD
Großsiedlungen in den neuen
Ländern
oben links
Dresden-Prohlis

oben rechts/unten
Berlin-Marzahn

Im Hinblick auf die Tauglichkeit für das Leben älterer Menschen, für die zu be-achten ist, daß der Aktionsradius im Alter zunehmend enger wird, die körper-lichen und geistigen Kräfte schwächer werden und die Sicherheitsbedürfnisse steigen, ist vielfach als mangelhaft festzustellen (ARGE Kirchhoff 1992):

- die ungenügende oder fehlende soziale und kommerzielle Infrastruktur mit seniorengerechten Angeboten,
- die zu weiten fußläufigen Distanzen zu den Einrichtungen des täglichen Be-darfs, zu den Haltestellen des öffentlichen Nahverkehrs,
- die kärglich ausgestatteten Wohnumfelder mit mangelnden Treffpunkten, fehlenden Bänken, schlechter Beleuchtung, hindernisreichen Wegen,
- die bedrohlichen baulichen Großstrukturen mit ungeschützten Laubengän-gen, störanfälligen Aufzügen, spartanischen Hauseingängen, schwierigen Zugängen (Treppen über Sockelgeschoß), mit nicht überschaubaren, dun-klen Fluren.

Die Großsiedlungen, gerade weil sie infolge zunehmender Mangellagen in der ehemaligen DDR oft nicht mehr 'planmäßig' im komplexen Wohnungsbau fer-tiggestellt wurden, verfügen häufig über erhebliche Freiflächenpotentiale, die baulich für Ergänzungsmaßnahmen gut genutzt werden können.

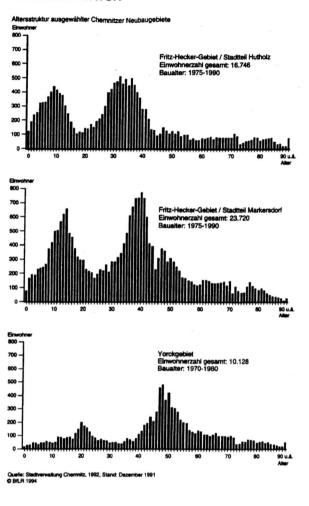

**Großsiedlungsentwicklung
ALTERSSTRUKTUR**

Altersstruktur ausgewählter Chemnitzer Neubaugebiete

Fritz-Hecker-Gebiet / Stadtteil Hutholz
Einwohnerzahl gesamt: 16.746
Baualter: 1975-1990

Fritz-Hecker-Gebiet / Stadtteil Markersdorf
Einwohnerzahl gesamt: 23.720
Baualter: 1975-1990

Yorckgebiet
Einwohnerzahl gesamt: 10.128
Baualter: 1970-1980

Quelle: Stadtverwaltung Chemnitz, 1992, Stand: Dezember 1991
© BfLR 1994

Abb. 27
GROßSIEDLUNGSENTWICK-
LUNG Chemnitz
die Altenwelle rollt

aus: Großsiedlungsbericht Deutscher Bundestag - 12. Wahlperiode   Drucksache 12/8406

Noch verfügen sie, obschon Segregationserscheinungen erkennbar sind, als eine ganz wichtige soziale Ressource über heterogen zusammengesetzte Bevölkerungsstrukturen. Sie dienen in der Tat bislang - noch - 'breiten Schichten der Bevölkerung' als Wohnquartier, quer durch alle Berufe, die - noch - mit ihrer Wohnsituation recht zufrieden sind. Dies wird sich schnell ändern, wenn nicht massive 'Nachbesserungsmaßnahmen' ergriffen werden.

Die Wohnumfeldgestaltung spielt hierbei, wie alle Mieterumfragen erkennen lassen, eine besondere Rolle in der Prioritätenliste für die Wohnzufriedenheit. Zwischenzeitlich haben sich die Abwanderungstendenzen dramatisch verstärkt, allein bei den GdW-Mitgliedsunternehmen stehen z.Zt. rund 350 000 Wohnungen, das sind etwa 13% des kommunalen und genossenschaftlichen Wohnungsbestandes leer.
Das liegt
* am Abbau von Arbeitsplätzen mit der Folge hoher Arbeitslosigkeit und Abwanderung
* am Rückgang der Bevölkerung durch die natürliche Bevölkerungsentwicklung
* an der Konkurrenz durch Neubau zur Miete und zu Eigentum sowie durch Innenstadtmodernisierung (GdW Daten + Fakten 2000)

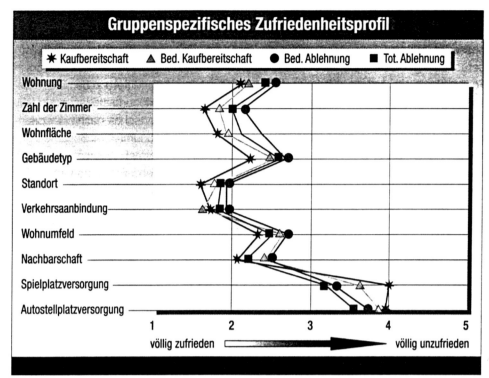

Gruppenspezifisches Zufriedenheitsprofil

✳ Kaufbereitschaft   ▲ Bed. Kaufbereitschaft   ● Bed. Ablehnung   ■ Tot. Ablehnung

Wohnung
Zahl der Zimmer
Wohnfläche
Gebäudetyp
Standort
Verkehrsaanbindung
Wohnumfeld
Nachbarschaft
Spielplatzversorgung
Autostellplatzversorgung

1   2   3   4   5

völlig zufrieden ▷ völlig unzufrieden

© InWIS, Bochum, 1994   Einstellung der Mieter zur Privatisierung

Abb. 27a
GRUPPENSPEZIFISCHES
ZUFRIEDENHEITSPROFIL
Wohnzufriedenheit und
Erwerbsbereitschaft

Die Älteren und Alten bleiben zurück. Hieraus erreicht eine besondere Verantwortung für die Gemeinden, die Wohnungsunternehmen und die Träger der sozialen Arbeit für seniorenfreundliche Wohnungsanpassung und Quartiersgestaltung.

3 Ansprüche der Älteren an Wohnumfeld und Nachbarschaft

'Den' alten Menschen gibt es nicht, und damit nicht 'die' Ansprüche an Wohnumfeld und Quartiergestaltung. Es wird mit Recht darauf aufmerksam gemacht (Wischer, Kliemke 1987), daß bei der Analyse und Planung für ältere Menschen nach Kriterien differenziert werden muß, wie

- Geschlechtszugehörigkeit,
- Familienstand (Ehe, Verwitwung, Paar, Single),
- Menge lebender Verwandter (Verfügbarkeit, Hilfe, Ansprüche),
- Status (Rentner/Pensionär, Frührentner, Invalide),
- Haushaltseinkommen/Besitz ('Altersarmut'),
- verbliebene Fähigkeiten (in körperlicher, handwerklicher, musischer, sozialer Sicht),
- Erfahrungshintergrund (gem. Altersgruppe, Bildung, Weltläufigkeit),
- nationale/ethnische Zugehörigkeit,

wenn man durch soziale Teilgruppenbildung die realen Bedürfnisse und Anforderungen konkret vorfindbarer älterer Menschen an ihr Wohnquartier ermitteln und befriedigen will.

Die Grundorientierungen, Werte und Einstellungen ihres sozialen Milieus bleiben im Alter differenzierend erhalten und verlangen Beachtung.

Die Wohnumfeldgestaltung spielt, wie gesagt, eine besondere Rolle in den Prioritätenskalen für die Wohnzufriedenheit, auch bei den Älteren.

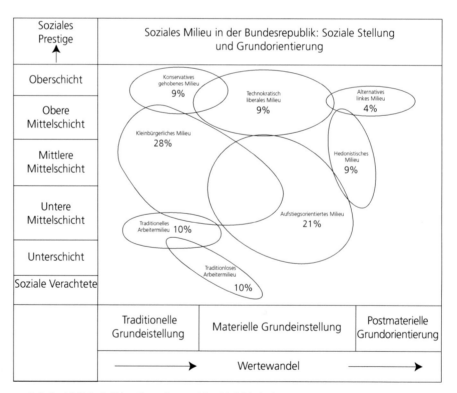

Abb. 28
SOZIALES MILIEU IN DER
BUNDESREPUBLIK
(aus: InWIS Bericht 3/94)

Quelle: Nowak, H./ Becker, U., "Es kommt der neue Konsument." Form, Zeitschrift für Gestaltung 111, 1985, S.14; abgebildet in Schulze, G. Die Erlebnis-Gesellschaft, Frankfurt/Main 1992, S. 391

Eine Hamburger Untersuchung älterer Menschen (Pfitzmann, Schmidt 1987) nennt folgende quartierrelevante Freizeitbeschäftigungen:

Spazierengehen	65 %
Gespräche mit Freunden und Bekannten	57 %
in die Geschäfte gehen	32 %
Arbeit im Garten	30 %
Besuch von Theater und Kino	26 %
zum Essen ausgehen	25 %
Besuch von geselligen Veranstaltungen	25 %
Beschäftigung mit Tieren	20 %
Sport oder Gymnastik treiben	18 %
Besuch von Vereinen	14 %
Betreuung von Kindern	14 %

Andere Untersuchungen weisen tendenziell in die gleiche Richtung (BfLR 1992):

Freizeitaktivitäten außer Haus
Häufigkeit der Nennungen (%)

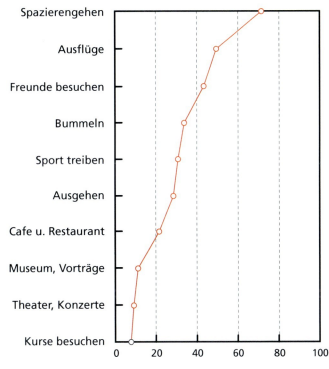

Quelle: Opaschoweki 1984

Abb. 29
FREIZEITAKTIVITÄTEN
AUßER HAUS
(aus: Opaschowski 1984)

Aber auch Freizeitbeschäftigungen, wie Wandern und Ausflüge machen (39 %), oder der Friedhofsbesuch (35 %), oder das Telefonieren (50 %) wirken sich auf die Wohnumfeldgestaltung aus, z.B. hinsichtlich der Einbindung in das ÖPNV-Netz zur erwünschten Erreichung der Ziele oder der Ausstattung mit öffentlichen oder privaten Fernsprechern (einschließlich der Tarifgestaltung). Im konkreten Fall gilt es also zu erkunden, welche diesbezüglichen Nachfragen (auch kleiner 'Gruppen') vorliegen und unter welchen Voraussetzungen welche Angebote gewollt sind und wahrgenommen werden können.

Vergleichende Untersuchungen Ost/West (Chemnitz, Mannheim) zeigen, daß organisatorische und räumliche Wohnumfeldqualitäten wie
- gute medizinische Versorgung in der Nähe   (Ch: 96 %, Mh: 91 %)
- gute Versorgung mit Dienstleistungen   (Ch: 91 %, Mh: 89 %)
- gute Nachbarschaft   (Ch: 84 %, Mh: 93 %)
- ruhige Wohnlage   (Ch: 94 %, Mh: 81 %)
- gute Umweltbedingungen   (Ch: 93 %, Mh: 87 %)
- gute Verkehrsbedingungen   (Ch: 89 %, Mh: 80 %)

als sehr wichtige Merkmale der Wohngegend, quer durch alle Gebietstypen, bzw. Wohnregionen zentrale Bedeutung für die Älteren haben (Mollenkopf 1997, Seite 25).

Christine Küster, die eine Zusatzauswertung der Zeitbudgeterhebung des Statistischen Bundesamtes 1991/92 hinsichtlich der Alltags- und Wohnsituation älterer Menschen durchgeführt hat, weist darauf hin, daß die 60-64jährigen durchschnittlich täglich 19 Stunden, die 70jährigen und älteren 20,5 Stunden, also rund 80 % des Tages zu Hause, in Wohnung, Haus, Garten, Hof zubringen, wobei die für die Lebensqualität und die Sicherung der selbständigen Lebensführung im Alter entscheidenden sozialen Beziehungen mit zunehmenden Alter etwas abnehmen. Die damit verbundenen Aktivitäten wie soziale Unterstützung oder geselliges Beisammensein finden im Alter in der Regel in der Wohnung statt.
»... mit dem Fazit für Politik und Verbände, daß ältere Menschen verstärkt über 'Bring-Strukturen' und weniger über 'Komm-Strukturen' angesprochen werden müßten.«
(Küster 1997, Seite 58/61f)

Es soll daran gedacht werden, daß dabei identifizierbare Ansprüche, sicher jeweils individuell mit unterschiedlicher Gewichtung, die auch das Wohnumfeld und die Quartiergestaltung betreffen, an
- Individualisierung und Wahlfreiheit,
- Gemeinschaftsaktivitäten in Haus und Umfeld,
- Aneignungsmöglichkeiten durch Selbermachen,
- Repräsentation und Statusbezeichnung,
- Gestaltung, Gemütlichkeit, Überschaubarkeit,
- Sicherheit, Vertraubarkeit in Haus, Umfeld und Quartier,
- infrastrukturelle Ausstattung und Freizeitaktivitäten,
- ökologische Aspekte und Wohngesundheit,
- technischen Standard und Ausstattung,
die während des aktiven Familien- und Arbeitslebens entwickelt und realisiert worden sind, nicht plötzlich aufgegeben werden, nur weil eine bestimmte Altersgrenze erreicht worden ist und man nun zu den Senioren gehört.

Die Bundesforschungsanstalt für Landeskunde und Raumordnung kommt bei ihrer Analyse zur »Freizeit in den Quartieren« zu folgendem Fazit:
- Besonders die jüngeren Alten sind in bezug auf fast alle Freizeitaktivitäten sehr agil; eine Abnahme bzw. Verlagerung der Aktivitäten findet, im Verbund mit gesundheitlichen Defiziten, erst im Alter zwischen 75 und 80 Jahren statt.
- Das Spazierengehen ist, fast unabhängig von Alter und Sozialschicht, und etwas weniger bei Eigenheimern, von allen Aktivitäten besonderes ausgeprägt.
- Bei Gartenbesitz hat dieser i.d.R. eine große Bedeutung für die Freizeitgestaltung der Älteren, es wird viel Zeit darin verbracht für das Gärtnern und für

soziale Aktivitäten (geselliges Beisammensein).

- Das Radfahren hat von allen sportlichen Betätigungen (rd. 40 % der 61-70jährigen, rd. 20 % der über 70jährigen geben dies an) eine übergeordnete Bedeutung als wichtiger Bestandteil körperlicher Betätigung.
- Cafè und Gaststätten werden vor allem von finanziell bessergestellten Älteren gern besucht, vor allem zum Aufbau und Erhalt sozialer Kontakte.
- Bildungsangebote erreichen (noch) - auch mangels hinreichender Werbung - nur wenige ältere Menschen.
- Altentagesstätten als institutionalisierte Form der Freizeitgestaltung haben nur für wenige, in erster Linie die älteren Alten, eine Bedeutung.

Jürgen Howe, Universität Osnabrück, weist darauf hin daß das Selbstbild im Alter zunehmend positiver wird. »*Die Zeiten, in denen ältere Menschen als anspruchslose Nehmer von Angeboten an sozialen Diensten aufgetreten sind, für die Passivität und Schwellenängste gegenüber Diensten und Behörden typisch waren, werden wohl bald vorbei sein.*« (Howe 1992)

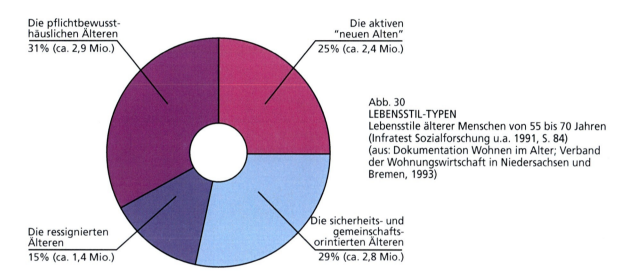

Abb. 30
LEBENSSTIL-TYPEN
Lebensstile älterer Menschen von 55 bis 70 Jahren
(Infratest Sozialforschung u.a. 1991, S. 84)
(aus: Dokumentation Wohnen im Alter; Verband der Wohnungswirtschaft in Niedersachsen und Bremen, 1993)

Die Definition von Lebensstil-Typen bei der älteren Bevölkerung ergibt eine erste Näherung an die Frage, welche Bedürfnisse und Anforderungen an Wohnumfeld und Quartiergestaltung zu erwarten sein mögen.

Hierzu aktuell Prof. Dr. Paul Nolte, Universität Bielefeld in einem Aufsatz »Unsere Klassengesellschaft«:
»*Es würde sich lohnen, den neuen Klassendifferenzen auch in anderen Dimensionen nachzuspüren. Natürlich ist es wahr, dass der Faktor ›Generation‹ heute größere Bedeutung als früher hat. Wie der Unterschied zwischen den Geschlechtern ist Alter ein soziales Merkmal, das eine durchaus eigene Prägekraft besitzt. Aber in Politik und Öffentlichkeit wird meist der Eindruck erweckt, als wären ›die‹ Senioren geradezu die Avantgarde einer klassenlosen Gesellschaft, als wären Menschen über 60 nur noch alt und nicht mehr Bürger oder Arbeiter, (Ex-)Unternehmer oder (Ex-)Verkäuferinnen. Das führt zu seltsamen Schieflagen der Diskussion: Während die Parteien Alter immer noch als Armutsrisiko klassifizieren, liest man andererseits ständig über die reichen Alten auf den Kreuzfahrtschiffen. Ein wenig mehr ›Klassenbewusstsein‹ würde hier zu größerer Klarheit führen – aber auch zu unpopulären Maßnahmen wie der Aufhebung pauschaler ›Seniorenermäßigungen‹ in öffentlichen Einrichtungen und Verkehrsmitteln.*« (in: DIE ZEIT 2/2001)

Die durch die Pensionierung erlangte 'Freizeit im Alter' birgt auf der einen Seite Gefahren der Desintegration aus gewohnten Lebensbezügen, Isolierung und Vereinsamung, eröffnet auf der anderen Seite aber durch das Fehlen einer Arbeitsverpflichtung neue Freiheiten einer selbstbestimmten Lebensgestaltung.

Wir müssen uns bei den Überlegungen für eine altersgerechte Ausstattung des Wohnquartiers immer vor Augen halten, daß

- die meisten Verhaltensweisen - also auch das 'Freizeit'-Verhalten - früh und über einen langen Zeitraum geprägt und im Alter kaum oder nur begrenzt verändert werden (wer nie oder selten ein Buch gelesen, Sport getrieben, gemalt oder musiziert, gegärtnert oder sich politisch oder kreativ betätigt hat, wird sich damit kaum im Alter anfreunden wollen);
- die meisten Freizeitbeschäftigungen auch im Alter nicht nur abhängig von den Bildungs- und Sozialisationserfahrungen und von der altersbedingten konstitutionellen Verfassung sind, sondern von der konkreten Einkommenssituation und den 'Preisen', die für Freizeitaktivitäten gezahlt werden müssen (wer nur eine geringe Rente hat, kann sich Konzert- oder Theatervorstellungen, Schwimmbad, Kegelbahn, Sauna oder häufige Fahrten mit (teuren) öffentlichen Nahverkehrsmitteln in die Stadtmitte kaum leisten);
- der Informationsgrad über gesellige, bildende, beratende Freizeitangebote nicht-kommerzieller Träger besonders bei älteren Leuten mit einfacher Bildung, geringem Einkommen und/oder mangelhaften sozialen Kontakten und Bindungen sehr niedrig ist (wer nicht weiß, was in der naheliegenden Altentagesstätte läuft, wann welche Veranstaltungen in der VHS, im Bürgerhaus, im Einkaufszentrum stattfinden, welche Träger der Sozialarbeit Angebote im Wohnquartier haben, wird trotz vorhandener Bedürfnisse daran nicht teilhaben).

Wir müssen uns ferner vor Augen halten, welche wohngebietsbezogenen Freizeitaktivitäten mit welcher Intensität 'nachgefragt', d.h. ausgeübt werden, sei es als individuelle oder kommunikative, sei es als passive oder aktive 'Veranstaltung', um entsprechende bauliche, gestalterische, organisatorische oder 'sozial'-betreuerische Vorkehrungen treffen zu können. Es wird dabei deutlich, daß unterschiedliche soziale und schichtspezifische Ausprägungen Einzelner Einfluß auf verschiedene Freizeitstile nehmen (BfLR 1992, Seite 60).

Selbständige und selbstbestimmte, sozial eingebundene Lebensführung der älteren Generation ('Independent Living'), durch das räumliche Umfeld als Lebensraum und als Ort der Hilfen gefördert, muß auf vier Ebenen geprüft und gesichert werden (Kliemke 1991):
- Ebene der individuellen Wohnung
- Ebene der Hausgemeinschaft
  (Mikroumfeld)
- Ebene des (in 10 Minuten erreichbaren) Nahumfeldes
- Ebene des weiteren Umfeldes
  (Makroumfeld).
Im Hinblick auf Zugänglichkeit, Sicherheit, Überschaubarkeit usw. sind dabei unterschiedliche Anforderungen aufgrund der sozio-ökonomischen Position, des Erfahrungshintergrundes, der Arbeitsbiographie, der sozialen und räumlichen Mobilität, der noch verbleibenden Lebensperspektiven usw. zu beachten.

Ältere Menschen haben - unabhängig vom formalen Einschnitt der Pensionierung - unterschiedliche Aktionsräume, in denen die notwendigen/erwünschten Infrastruktur- und Dienstleistungseinrichtungen genutzt werden und deren Reichweite von der sozialen, der ökonomischen und der gesundheitlichen Spezifik bestimmt wird. Regionale oder innerstädtische funktionale Zentralisation, die zu einer erhöhten Distanzbelastung führt, kann ebenso wie diese (weniger Geld, Gebrechlichkeit/Abgabe PKW) dazu führen, daß weniger private und öffentliche Dienste in Anspruch genommen werden und daß sich die Häufigkeit der Tätigkeiten oder der Inanspruchnahme verringern. Das führt zur Unterversorgung und Isolation.

Bei der an altersspezifische Bedürfnisse angepaßten Weiterentwicklung der Wohnquartiere werden wir verstärkt die raumzeitlichen Handlungsspielräume von unterschiedlichen Individuen bzw. Haushalten zu erkunden und zu berücksichtigen haben, um erkennbare Restriktionen des aktionsräumlichen Verhaltens im Alter (distanzielle, zeitliche, soziale Erreichbarkeit) auszuräumen (Kreibich, Ruhl 1987).

Hinzuweisen ist noch auf das ausgeprägte Sicherheitsbedürfnis im Alter, auch wenn, bei steigender Kriminalitätsfurcht, die Betroffenheit mit zunehmenden Alter deutlich sinkt (Wetzels 1995).

Schließlich ist an die ausländischen alten Menschen zu denken, die als 'Gastarbeiter' jahrzehntelang bei uns gearbeitet haben und in Deutschland bleiben wollen, und die hinsichtlich ihrer Freizeit und Gesellungsbedürfnisse spezifische Anforderungen an die Wohnung, das Wohnumfeld, das Wohnquartier sowie an die offenen Angebote, an die Dienste und Hilfen der Altenhilfe stellen werden.

Die Befunde zu Wohndauer und Wohnorten von 1992 befragten ausländischen Haushalten älter als 55 Jahre geben interessante Aufschlüsse zu Seßhaftigkeit und Integration. 28 % der Befragten wohnen bereits seit mehr als 20 Jahren in derselben Wohnung (Türken 14 %, Italiener 26 %), 15 % im selben Stadtteil (Türken 33 %, Italiener 43 %) und 69 % in der gleichen Stadt (Türken 51 %, Italiener 78 %).

Es zeigt sich, »*daß die Migranten in sehr vielen Fällen seit ihrer Ankunft in der selben Stadt geblieben sind, häufig auch im selben Stadtteil und oft sogar in der ersten Wohnung nach dem Nachzug der Familie*« (Sen, Schneiderheinze 1997 S. 20) und daß tendenziell im Vergleich der frühen und späten 'Gastarbeiter'-Nationalitäten die Standorttreue offensichtlich zunimmt, und somit Wohnumfeld und Quartiersgestaltung auch im Interesse der ausländischen Alten an Bedeutung gewinnt.

Die unter den Aspekten der Wohnsituation gegebenen höchsten Zufriedenheitsgrade von 85 % zur Anbindung an den ÖPNV und (ebenda S. 27) von 79 % zur Wohnumgebung akzentuieren die Wichtigkeit. Zufrieden/sehr zufrieden mit den Kontakten zu den Nachbarn sind 71 % der befragten Migranten älter als 55 Jahre mit deutlicher Differenzierung: Türken 78 %, Italiener 50 % (ebenda S. 30). Hier spielt die ethnische Nachbarschaft und ihre 'Auflösung' durch (gewollte) Integration in das deutsche Wohnmilieu eine Rolle: 70 % der Türken und nur noch 46 % der Italiener wohnen in einem Wohngebiet mit hohem Anteil ausländischer Bevölkerung (mit niedrigem Anteil 12 % und 33 %); 62 % der Türken und nur noch 30 % der Italiener wohnen in einem Haus mit überwiegend ausländischen Familien (mit überwiegend deutschen 23 % und 46 %); 40 % der Befragten, darunter 52 % der Türken und 39 % der Italiener würden gern woanders wohnen.

»Dies weist darauf hin, daß ein größerer Teil der Italiener den Sprung aus den von früheren 'Gastarbeitern' geprägten Stadtteilen geschafft hat« (ebenda S. 33 f). Auch die ausländischen Senioren sind also in die a.a. Stelle erörterten Konzeptionen zur Stadtteilentwicklung unter dem Aspekt »Wohnen im Alter« einzubeziehen.

Die Wohnsituation der ausländischen Haushalte ist, ungeachtet der in den letzten Jahren erkennbaren deutlichen Verbesserungen in Richtung auf die Anpassung an die deutschen Haushalte, generell schlechter. Die durchschnittliche Wohnfläche pro Haushalt bzw. pro Person (D: 43,5 m² - A: 24,3 m²) ist deutlich geringer, die Ausstattung einfacher, weniger als die Hälfte der Haushalte verfügen über einen Balkon oder Terrasse, nur gut ein Viertel hat einen Garten. Sie wohnen vor allem im Geschoßwohnungsbau zur Miete (nur rd. 6,5 % in eigenem(r) Haus/Wohnung - 1995) und 30 % der Ausländer in Nordrhein-Westfalen finden, daß ihre Wohnung zu klein ist (Deutsche: 20 %). Entgegen weit verbreiteter Sichtweise lebt hier die Mehrzahl der Ausländer nicht in Altbau- sondern in Neubaugebieten (rd. 40 %, Deutsche rd. 30 %) (Thränhardt 1994, Seite 139 ff).

Abb. 31-33
VORGÄRTENGESTALTUNG
UND HAUSGÄRTEN
auf Grabeland zur Eigenversorgung türkischer Familien
Duisburg-Hamborn

Damit wird deutlich, daß die Wohnumfeldgestaltung und die Nutzungsmöglichkeiten insbesondere für die kinderreichen Ausländerhaushalte und die stärker in die Kinderbetreuung involvierten alten Ausländerinnen wichtige Kompensationselemente für das alltägliche Leben darstellen, die den spezifischen Bedürfnissen dieser, auf Dauer in Deutschland bleibenden, Bevölkerungsgruppen angepaßt werden müssen.

Die älter werdenden ausländischen Haushalte werden in Zukunft verstärkt Zielgruppe der staatlichen und kommunalen Altenpolitik, des unternehmerischen sozialen Managements, der Tätigkeit der Wohlfahrtsverbände werden, aber vermutlich auch ihre eigenen Einrichtungen und Aktivitäten nationalitätenspezifisch in Wohnumfeld und Wohnquartier installieren.

4 Zielsetzungen zur Struktur und Organisation im Quartier

Maßnahmen zur Ergänzung und Verbesserung des Wohnumfeldes im Interesse der Älteren müssen vor allem darauf gerichtet sein,

- die Selbständigkeit zu sichern/zu verlängern,
- ein Mindestangebot öffentlicher Infrastruktur bereitzustellen,
- belastende Umwelteinflüsse zu beseitigen, zu mildern,
- soziale oder baulich fixierte Ungleichheiten zu kompensieren,
- eine ungewollte Mobilität (= Verdrängung) zu verhindern,
- die Mischung der Generationen zu sichern, zu verbessern,
- das hilfe-aktive Zusammenwohnen zu stärken,
- den Aufbau sozialer Netze und Initiativen zu fördern, und

sie müssen die wirtschaftliche Leistungsfähigkeit der Älteren beachten.
Die Entwicklung altengerechter Wohnquartiere erfordert kombinierte soziale, bauliche, organisatorische und partizipative Aktivitäten.

Ansätze zur Verbesserung der Wohn- und Lebensbedingungen älterer Menschen:
(BMBau 1995, Seite 14f)

»Der baulich-technische Ansatz ...
... steht für den traditionellen, eher handwerklich geprägten Beitrag, der die Weiterentwicklung und Anpassung von Objekten (Geräte, Möbel, Wohnungsausstattung, Haustechnik, Gebäude etc.) an die altersspezifischen Anforderungen favorisiert. Im Mittelpunkt stehen hierbei eher die gebrechlichen oder behinderten Menschen.

Der sozialpädagogische Ansatz ...
... setzt bei der Interaktion zwischen den Individuen an und versteht die Wohnung und das Gebäude primär als räumliche Hülle für gruppendynamische Prozesse, die mittels sozialpädagogischer Intervention im Sinne sozialverantwortlicher zwischenmenschlicher Beziehungen zu gestalten sind. Im Mittelpunkt steht hier das Zusammenleben in gleichalterigen oder generationenübergreifenden Wohn- bzw. Hausgemeinschaften oder Nachbarschaften.

Der gemeinwesenorientierte Ansatz ...
... entspricht dem Aufgabenfeld der Sozialarbeit, die insbesondere für die hilfsbedürftigen Menschen von Bedeutung ist. Im Mittelpunkt stehen hierbei beratende und betreuende Tätigkeiten sowie organisatorische und koordinierende Aufgaben zur Vermittlung von sozialen Diensten und Einrichtungen.

Der quartiersbezogene und kooperative Ansatz
Eine ganzheitliche Betrachtung und umfassende Verbesserung der Wohn- und Lebenssituationen älterer Menschen erfordert jedoch einen integrierten Untersuchungs- und Entwicklungsansatz, der Wechselbeziehungen zwischen dem Wohnen innerhalb der Wohnung und der Teilnahme am Geschehen außerhalb derselben ebenso einbezieht wie die sozialen Beziehungen zwischen den älteren Menschen und zwischen den Generationen.

Die Ausgestaltung eines an den Interessen der älteren Menschen orientierten Wohnungs- und Städtebaus hat unterschiedliche Wohn- und Lebenssituationen zu berücksichtigen. Deshalb sind nicht allgemein gültige Rezepte, sondern quartierbezogene

Konzepte für eine bedarfsorientierte Verbesserung der Wohn- und Lebensbedingungen älterer Menschen zu entwickeln.

Der quartierbezogene und kooperative Ansatz ist als Synthese der o.g. Ansätze auf der Ebene des Wohnquartiers zu verstehen, der die Kompetenzen der verschiedenen Akteure bündelt und die Quartiersentwicklung als kooperativen Prozeß begreift. Das Wohnquartier ist dabei der Lebensraum, in dem baulich-technische und soziale Konzepte und Maßnahmen zusammenwirken. Die Ebene der Nachbarschaft, des Wohnumfeldes und der Wohnung ist in diesen Untersuchungs- und Handlungsansatz eingeschlossen."

Maßnahmen zur Ergänzung/Verbesserung des Wohnumfeldes im Interesse der Älteren liegen in der Kompetenz bzw. müssen realisiert werden durch unterschiedlich Verantwortliche bzw. auf unterschiedlichen Ebenen kommunaler Planung. Dies reicht im Rahmen der Stadtentwicklungsplanung von der Bauleitplanung, Verkehrsplanung, Landschaftsplanung, der Sozialplanung für soziale Infrastruktur für ältere Menschen usw. über die Aktivitäten der freien Träger der Sozialarbeit, des Dienstleistungs- und Handelsgewerbes, über die Maßnahmen

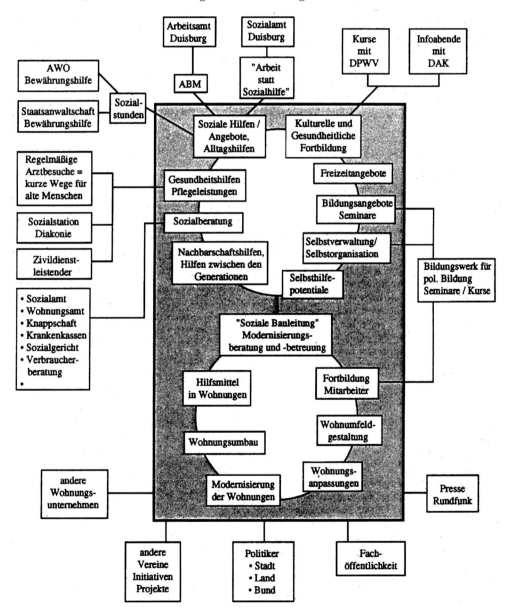

Abb. 34
PRAXISFELDER UND KOOPERATION
Wohnungsgenossenschaft Rheinpreußen-Siedlung e.G.
Duisburg-Homberg
(aus: BMBau 1995, Seite 42)

der Hauseigentümer - vor allem der gemeinnützig orientierten Wohnungs-unternehmen - bis hin zu den Initiativen und Organisationen von Selbsthilfe-einrichtungen der Bewohner selbst.

Die Entwicklung alternsgerechter Wohnquartiere erfordert kooperatives, kon-struktives Planen, Realisieren und Überprüfen (Wirkungskontrolle) im Zu-sammenwirken der Verantwortlichen mit den Alten und den Nachbarn.

Konzepte zur Weiterentwicklung von Wohnquartieren, die an den Bedürfnissen und Anforderungen der dort lebenden Bewohner und besonders der Älteren aus-gerichtet sein sollen, bedürfen des Einsatzes professionellen Sachverstandes und Instrumentariums.

Repräsentative schriftliche Befragungen im Wohnquartier zur Erkundung von je speziellen Bedürfnissen, Werten, Einstellungen, Verhaltensweisen reichen in der Regel nicht aus, weil durch sie nur Durchschnittswerte gewonnen werden. Sie sollten z.B. verbunden werden mit wirkungspsychologischen Stadtteilanalysen, wo im Rahmen von Tiefeninterviews Geschichten erzählt und ausgewertet wer-den. Verhaltensbeobachtungen vor Ort und Zeitraffer-Videoaufnahmen geben eher die notwendigen Aufschlüsse über das Leben der Älteren im Wohnquartier (auch was die sozialen und baulich wichtigen vorfindbaren Ressourcen angeht). Bügerversammlungen, Hausversammlungen, Einzel- und Gruppengespräche, auch beim Hoffest und beim Altennachmittag, geben Gelegenheit, Planungs-vorschläge bis ins Detail zu erörtern, Akzeptanz zu erzielen, spätere Nutzung zu initiieren und die Entwicklungsprozesse zu steuern.

Maßnahmen zur Ergänzung/Verbesserung des Wohnumfeldes im Interesse der Älteren erfordern unterschiedlichen Aufwand für Herstellung/Einrichtung, Be-trieb, Pflege und Instandhaltung. Zur Verbesserung der Begehbarkeit von Spa-zierwegen (Belag, Rampen, Geländer, Bänke, Lampen) ist vor allem kreative In-telligenz nötig; für Straßenrückbau, Verkehrsberuhigung, Parkplätze und ÖPNV-Haltestellen sind Mittel notwendig. Die Einrichtung einer Altenstube in einer leerstehenden Großwohnung kostet nicht die Welt, beim Bau eines wohn-gebietergänzenden Seniorenzentrums mit Pflegestation, Serviceeinrichtungen, CafÈ usw. muß kräftig investiert werden.

Die Entwicklung alternsgerechter Wohnquartiere erfordert die Mobilisierung und Bereitstellung von Förderungs-/Finanzierungsmitteln und professioneller Manpower in Kombination aus vielen Töpfen (Bund, Land, Gemeinde, Träger, Hausherren) und die Aktivierung von ehrenamtlicher Arbeit, Eigeninitiative und Selbsthilfe.

Erträgliche Mieten, die möglichst aus dem eigenen Einkommen als Rente oder Pension bezahlt werden können, sind die Grundvoraussetzung für ein gesicher-tes und angstfreies Wohnen im Alter. Sie auch für die Bevölkerungsgruppen 'mit dem kleinen Geldbeutel' zu sichern, muß Ziel der quartierbezogenen Sozial- und Altenpolitik sein.

5 Generationen-Mix – Voraussetzung für nachbarschaftliche und soziale Kontakte

Die Bundesregierung hat im 4. Familienbericht als eine Zielsetzung politischen Handelns die Förderung der Solidarität zwischen den Generationen hervorgehoben:

»Manche Wert- und Lebensvorstellungen der älteren Generation werden von der jüngeren Generation eher distanziert und kritisch betrachtet. Dies ist wichtig, um den jungen Menschen die Identitätsfindung zu ermöglichen und den neuen Erfordernissen der Umwelt gerecht zu werden. Andererseits erweitert die Auseinandersetzung mit der jungen Generation die Erlebniswelt der Älteren. Sie verhindert eine Stagnation der Entwicklung, das Ausharren in der Vergangenheit und erschließt neue Perspektiven, ermöglicht auch den Älteren die aktive Teilhabe an Gegenwart und Zukunft... Nur in diesem Austausch von Gegenwart und Zukunft ist eine Gesellschaft lebensfähig. Um dies zu gewährleisten, muß Politik den Austausch zwischen den Generationen fördern und Gegengewichte setzen gegen die in unserer Gesellschaft um sich greifende Isolation der Lebensbereiche und Altersgruppen.«
(BMJFFG 1986)

Voraussetzung für das Entstehen von Nachbarschaftskontakten zwischen Jung und Alt, für die Förderung des Familienzusammenhaltes, von selbstbestimmten Wohn- und Lebensgemeinschaften, für den Aufbau und Erhalt sozialer Netze mit der Zielsetzung der Mobilisierung von gegenseitiger Hilfe von jungen und alten Menschen, ist das tatsächliche Vorhandensein von unterschiedlichen Altersgruppen und Haushaltsformen (vom Single bis zur Großfamilie) im Wohnquartier.

Wir finden jedoch
- in Sanierungsgebieten, z.B. aus der Gründerzeit, oft ein Übermaß alter, ökonomisch schwacher, isolierter Menschen (die jungen sind weggezogen),
- in alten Wohnsiedlungen der 20er und der 50er Jahre, die seinerzeit von einer Alters- und Haushaltsgruppe (junge Familie mit Kindern) bezogen wurde, fast nur noch die - zurückgebliebenen - Alten,
- in neuen Großsiedlungen der 70er/80er Jahre bislang überwiegend nur jüngere Bewohner, für die die neuen Familienwohnungen gebaut wurden, und keinen Platz für Ältere zum Nachziehen.

Zentrale Aufgabe bei der Weiterentwicklung von Wohngebieten unter Berücksichtigung der Lebensbedürfnisse älterer Menschen muß es also sein, den 'Generationen-Mix' in bestehenden Wohnsituationen so zu verbessern, daß überhaupt Aussicht auf ein Miteinander-Leben besteht, aus dem heraus eventuell auch gegenseitige Hilfe erwachsen kann.

»Es sei in diesem Zusammenhang darauf hingewiesen, daß das Gros der Kontakte älterer Menschen mit Gleichaltrigen gehalten (und gewünscht?) wird, eine Tatsache, die eigentlich in allen Altersstufen vom Jugendlichen bis zum älteren Menschen zu beobachten ist und darauf hindeutet, daß generationenübergreifende Ansätze, die in der Altenarbeit oft diskutiert und angestrebt sind, auf Schranken stoßen... Dies kann auf einen Generationenkonflikt hinweisen, der nicht durch das alleinige Schaffen generationenübergreifender Angebote (seien es Cafe`s oder andere Treffs im Quartier) gelöst werden kann. Vielmehr müssen gesellschaftspolitische Schritte unternommen werden, ältere Menschen besser zu integrieren als gleichwertigen Teil unserer Gesellschaft.«
(BfLR 1992, Seite 58)

Wenn es also Ziel dynamischer, quartiersbezogener Bestandsentwicklung ist, den Bewohnern ein liebenswürdiges und lebenswertes Wohnquartier als Lebensmittelpunkt zu schaffen und zu sichern und den Wohnungsbestand langfristig am Markt zu halten, muß auf zwei Feldern angesetzt werden:

- zum einen bei der sozialen und ökonomischen Struktur durch Verbesserung des Generationen-Mix (und des Einkommens-Mix) sowie bei den erwünschten und notwendigen sozialen Diensten und Kontakten,
- zum anderen bei der baulichen und gestalterischen Struktur durch Verbesserung der Vielfalt des Wohnungsangebotes nach Größe und Standard sowie bei den Gemeinschaftsräumen und beim Wohnumfeld.

Dabei sind die aus der Sicht der vorhandenen oder aber der einzuwerbenden - potentiellen - Bewohner definierten Mängel und Defizite abzubauen, und es sind die vorfindbaren Ressourcen zu erkennen und in die Entwicklungskonzepte einzubeziehen.

Dies kann in älteren Siedlungen mit Mietwohnungen, aber auch in Eigenheimgebieten neben der altersgerechten Wohnungsmodernisierung durch Umbau und Wohnungszusammenlegung, durch Dachausbauten, durch Zubau von Wohnungen oder Kleinhäusern, durch Einrichtungen von Großwohnungen, von Spielbereichen und Gemeinschaftseinrichtungen für zuziehende junge Familien mit Kindern erfolgen (Großhans 1986).

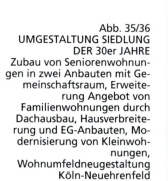

Abb. 35/36
UMGESTALTUNG SIEDLUNG
DER 30er JAHRE
Zubau von Seniorenwohnungen in zwei Anbauten mit Gemeinschaftsraum, Erweiterung Angebot von Familienwohnungen durch Dachausbau, Hausverbreiterung und EG-Anbauten, Modernisierung von Kleinwohnungen,
Wohnumfeldneugestaltung
Köln-Neuehrenfeld

In den neueren Siedlungen sind durch Wohnungsteilung, Ergänzungsbau von Altenwohnungen, Förderung neuer Wohnformen (integriertes Wohnen, Seniorenwohngemeinschaft) und altenspezifische Dienste die Chancen zu verbessern, daß ältere Leute (vor allem Verwandte und Freunde der dort lebenden Familien) nachziehen können (Großhans 1996).

»Selbstorganisierte Wohnprojekte, in denen mehrere alte (und jüngere Menschen) innerhalb eines Hauses bzw. einer Nachbarschaft eine Gemeinschaft bilden - wobei jeder Partei eine eigene abgeschlossene Wohnung zur Verfügung steht - werden in den kommenden Jahren vor allem in den Städten an Bedeutung gewinnen. Da diese Wohnform 'Nähe auf Distanz' ermöglicht, ohne daß ein Zwang zur gemeinsamen Haushaltführung besteht, entspricht sie eher den Bedürfnissen alter Menschen... Projekte, die ausschließlich von älteren Menschen organisiert werden, haben eher geringere Durchsetzungschancen.« (Weeber 1997, Seite 20)

Zahlreiche Wohngebiets-Entwicklungsprojekte unter besonderer Berücksichtigung der Bedürfnisse und Anforderungen der Älteren zeigen, wie durch Ausbau, Umbau, organisatorische und bauliche Nachverdichtung der Generationen-Mix verbessert werden kann.

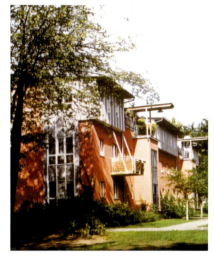

Abb. 37/38
UMGESTALTUNG
SCHLICHTSIEDLUNG DER
NACHKRIEGSZEIT
Dachaufbau mit Familienwohnungen, Modernisierung von Kleinwohnungen, Balkonanbau, Neubauergänzung „Hoffje" - Integriertes, barrierefreies Wohnprojekt Jung-Alt, Atelier-Wohnhäuser, Gemeinschaftsräume, Wohnumfeldneugestaltung mit Geflügelhof
Berlin-Buckow

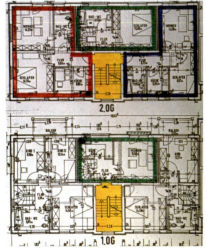

Abb. 39/40
UMGESTALTUNG SIEDLUNG
DER 50er JAHRE
Neuordnung des Grundrißgefüges mit Wohnungen für Senioren, Familien und Singles, Mordernisierung Balkonanbau, Neubauergänzung mit gartennahen Kinderfamilienwohnungen. Belegungsorganisation „Nachbarn suchen ihre Nachbarn selbst", Wohnumfeldneugestaltung
Hünfeld-Mitte

Abb. 41/42
UMGESTALTUNG SIEDLUNG
DER 50er JAHRE
Zubau von Seniorenwohnungen und Wohnungen für Rollstuhlfahrer (barrierefrei) als Anbau, Erweiterung, Angebot von Familienwohnungen durch Dachausbau, Modernisierung von Kleinwohnungen, Wohnumfeldneugestaltung
Erfurt - Wohngebiet „Fortschritt"

Abb. 43/44
NEUGESTALTUNG EINFAMI-
LIENHAUSGEBIET
Neubau Reihenhäuser im ko-
sten- und flächensparenden
Bauen zur Miete für Kinderfa-
milien in modernisierten
Altbestand, Wohnhaus für Se-
nioren, Wohnumfeldneuge-
staltung mit Vorgarten und
Hausgärten, Selbsthilfeeinsatz
Ludwigshafen-Gartenstadt

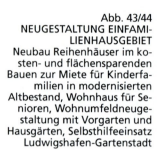

Abb. 45/46
UMGESTALTUNG KRANKEN-
HAUSGELÄNDE
Umbau Altbausubstanz zu
Wohnungen für Senioren und
Familien, Neubau von Fami-
lien- und Seniorenwohnun-
gen, Modernisierung Appart-
menthaus für Alleinstehende,
Integration Kindertagesstätte,
Seniorentreffpunkt, Teilzeit-
pflegeeinrichtung. Wohnum-
feldneugestaltung
Augsburg-Kriegshaber

Abb. 47-50
UMGESTALTUNG GROßSIED-
LUNG DER 70er JAHRE
Neubau Altenwohnhaus mit
Seniorentagesstätte und Mo-
dernisierung von Kleinwoh-
nungen mit Fahrstuhlanbau
(barrierefreie Erschließung),
Modernisierung und Vergrö-
ßerung von Familienwohnun-
gen, betreutes Wohnen,
Wohnumfeldneugestaltung,
Gera-Lusan

Die Anpassung der Wohnungen, Gebäude und des Wohnumfeldes an die Bedürfnisse und Anforderungen der Älteren soll diesen einen möglichst langen, selbständig bewältigten Verbleib im Wohnquartier gestatten. Der Generationen-Mix, d.h. die Förderung des 'in Nachbarschaft Lebens' von jungen und alten Menschen, aber auch von jungen Alten, Senioren und Hochbetagten kann zu gegenseitigen Hilfs- und Pflegeleistungen beitragen.

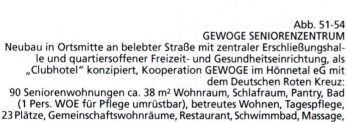

Abb. 51-54
GEWOGE SENIORENZENTRUM
Neubau in Ortsmitte an belebter Straße mit zentraler Erschließungshalle und quartiersoffener Freizeit- und Gesundheitseinrichtung, als „Clubhotel" konzipiert, Kooperation GEWOGE im Hönnetal eG mit dem Deutschen Roten Kreuz:
90 Seniorenwohnungen ca. 38 m² Wohnraum, Schlafraum, Pantry, Bad (1 Pers. WOE für Pflege umrüstbar), betreutes Wohnen, Tagespflege, 23 Plätze, Gemeinschaftswohnräume, Restaurant, Schwimmbad, Massage, Sauna, Friseur, Freizeiträume, Gymnastik; Miete DM 1.250,–/Monat (760,–Grundmiete, 140,– Betriebskosten, 90,– Grundbetreuung, 250,– Mittagessen, 10,– Kabelanschluß (1997)) Seniorenclub im Nachbarhaus Menden-Lendringsen

*»Für die Zukunft sozialer Netzwerke ist die Altersgruppe der heute im mittleren Le-
bensalter stehenden Menschen darüber hinaus insofern von Bedeutung, als sie die zu-
künftige Altengeneration darstellen und in den nächsten Jahren in den Ruhestand ein-
treten werden. Ihre gegenwärtigen Erfahrungen könnten ihre späteren Ansprüche,
Erwartungen und Verhaltensweisen mit prägen.«*
(Borchers 1997, Seite 8)

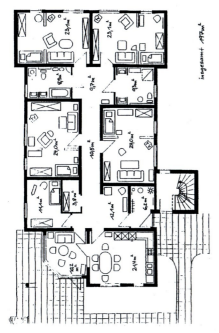

Abb. 55-57
**BETREUTE
WOHNGEMEINSCHAFT**
Vier Seniorinnen leben
miteinander.
Braunschweig-Huntestraße

Es werden aber auch voll ausgestattete Seniorenzentren mit Tagespflege, Kurzzeitpflege, Krankenwohnung, Therapieeinrichtungen im Quartier oder quar-
tiersnah gebraucht, um einen vorhandenen und steigenden Bedarf abzudecken.
Durch die quartiersoffenen Einrichtungen werden den Senioren in 'normalen'
Wohnungen die benötigten und erwünschten kommunikativen, therapeutischen und besorgenden Dienstleistungen nahegebracht und soziale Netze und
informelle Hilfsdienste gestützt. Die Ergänzung unserer vorhandenen Wohnquartiere durch spezielle Wohnungen (BfLR 1991), durch Ausbau, Umnutzung
oder Neubau kann vielfach eine frühzeitige Heimeinweisung verhindern helfen.

Dazu gehören auch betreute Wohngemeinschaften für ältere Menschen. Sie können für diejenigen, die aus sozialen oder gesundheitlichen Gründen nicht mehr alleine in ihrer Wohnung bleiben können oder wollen, die aber (noch) nicht auf eine umfassende Betreuung in einer stationären Einrichtung angewiesen sind, eine attraktive Alternative sein. Betreute Wohngemeinschaften dürften daher in den nächsten Jahren auf eine wachsende Akzeptanz stoßen (Weeber 1997, Seite 21).

Die Verbesserung des Generationen-Mix als Voraussetzung für den Aufbau und Erhalt von Hilfssystemen im Quartier durch Wohnungsanpassungen, sozialverträgliche Wohnungsbelegung, bauliche Nachverdichtung, Wohnungstausch, Umzugsmanagement erfordert systematisches soziales Quartiersmanagement auf der Grundlage kommunaler und unternehmerischer Sozialplanung (Großhans 1996).

Im Auftrag der Sachverständigenkommission hat das InWIS Institut für Wohnungswesen, Immobilienwirtschaft, Stadt- und Regionalentwicklung an der Ruhr-Universtät Bochum eine Dokumentation mit Handlungsansätzen und Projekten u.a. zum Integrierten Wohnen im Bestand, zu Wohngemeinschaften und innovativen Konzepten heimbetreuten Wohnens und zur kommunalen und unternehmerischen Sozialplanung für ältere Menschen erstellt, bei denen der Generationen-Mix als Voraussetzung für Nachbarschaft und soziale Netze im Quartier eine wichtige Rolle spielt. Hierauf wird zur Vertiefung verwiesen (InWIS 1997).

6 Wohnumfeldeinrichtungen zur Erleichterung des Lebens

Das Leben im Wohnquartier wird den älteren Menschen erleichtert, wenn stärkeres Augenmerk auf die Bequemlichkeit der Nutzung, auf die Verfügbarkeit und Verläßlichkeit von Einrichtungen, auf die Sicherheit im Wohnumfeld gerichtet wird. Bei zunehmend hochaltrigen Bewohnern spielt die Barrierefreiheit eine zunehmende Rolle bei der Gestaltung der Außenanlagen.

Viele der Ansätze sind nicht 'altenspezifisch', sie sind hilfreich und nützlich auch für andere Bewohnergruppen im Wohnquartier oder sogar für alle - Junge wie Alte. Auch die schwangere Frau, die Mutter mit kleinen Kindern, der gehbehinderte Jungmann wird die Bank an der 'richtigen' Stelle im Quartier zu schätzen wissen. Älter werden ist ein Prozeß. Die Befriedigung der Lebensbedürfnisse im Wohnquartier, die für jedes Lebensalter gilt, wird hier auf die 'Senioren' bezogen, weil sie am wenigsten darauf verzichten können, da sie am meisten auf das Wohnquartier angewiesen sind.

»Auf individueller Ebene können sich sowohl objektive Faktoren wie nachlassende physische und kognitive Fähigkeiten und fehlende finanzielle Ressourcen als auch subjektive Faktoren wie die Einschätzung von Situationen und eigenen Fähigkeiten auf das Mobilitätsverhalten auswirken ... Insgesamt gaben rund 70 % der über 80jährigen Befragten an, durch Krankheit oder Beschwerden in ihrer Bewegungsfähigkeit beeinträchtigt zu sein." Ohne Schwierigkeiten können z.B. Treppensteigen nur 59 %, außer Haus gehen nur 72 %, Einkäufe erledigen nur 69 %, schwere Sachen tragen nur 32 %, mindestens 2 km gehen nur 61 %.« (Mollenkopf 1997)

Je älter man wird, desto mehr ist man im Hinblick auf die körperliche Leistungsfähigkeit darauf angewiesen, die sozialen Infrastruktureinrichtungen, die Einkaufs- und Dienstleistungsangebote für die tägliche Lebensführung so dicht wie möglich bei der Wohnung zu haben. Ihre gute Erreichbarkeit oder die Organisation von Haus-Service/Lieferung erleichtert das Leben und damit die Selbständigkeit und den Verbleib im Quartier.

Die Teilnahme der Älteren am Verkehr als eine wesentliche Voraussetzung für den Erhalt der räumlichen Mobilität wurde im 2. Altenbericht im einzelnen untersucht und dargestellt (Kapitel Echterhoff).

Der motorisierte Individualverkehr stellt heute für die älteren Menschen vielfach noch eine große Bedrohung dar. Wie das für die heute 50jährigen ist, die selbst ihr ganzes Leben Auto gefahren sind, wenn sie ins Alter kommen, bleibt abzuwarten. Hier kann
- durch Maßnahmen der Verkehrsplanung und der Verkehrsberuhigung,
- durch Straßenrückbau mit Ausbau von leichtgängigen Überwegen/Ampelanlagen,
- durch Absenken von Bordsteinen und treppenbegleitenden Rampen (Rollstuhl, Einkaufsroller)

Erleichterung geschaffen werden.

Kein Rentner, keine Rentnerin wird, nur weil man 60 geworden ist, das Auto abschaffen: Hausnahe Seniorenparkplätze mit Namen, PKW-Waschplätze mit Münzautomatik ebenso wie Kleingaragen für Motorrad/Roller und Standplatz für den Campingwagen erleichtern den gewohnten Umgang.

Wer sich mit offenen Augen umschaut, wird feststellen, wieviele ältere Leute, insbesondere Frauen, bis ins hohe Alter Fahrrad fahren. Sichere Fahrradwege entlang der Haupterschließungsstraßen und quer durch das Wohnquartier sind hierzu ebenso erforderlich wie solide Abstellhalter vor der Haustür und ebenerdige Abstellhäuschen: das Radfahren geht noch, aber das Schleppen in den Keller ist mühsam!

Sorge ist zu treffen, daß der öffentliche Nahverkehr, was Linienführung, Haltepunkte und Tarifgestaltung angeht, auf die Bedürfnisse der Älteren abgestimmt wird. Die Haltestellen sollen übersichtlich, sicher, wettergeschützt, mit Sitzgelegenheiten ausgestattet und nachts gut beleuchtet sein. Die umweltfreundlichen Umsteigewege von Straßenbahn und Bus sollen so kurz und gefahrlos wie möglich sein, und wir sollten daran denken, daß auch komplizierte Technik (z.B. Fahrkartenautomaten) eine Aussonderung von der Nutzung bewirken kann.

Abb. 57/58
SENIOREN-PARKPLÄTZE
vor neu errichteten, ergänzenden Altenwohnungen an rückgebauter Straße in Siedlung der 30er Jahre und 60er Jahre
links
Köln-Ehrenfeld

rechts
Dachau-Ost

Abb. 59/60
links
RESERVIERTE PARKPLÄTZE
mit Namenskennzeichnung in Siedlung der 50er Jahre
Bremen-Blumental

rechts
CAR-PORT
für behinderte Fahrer in Neubaugebiet (TG)
Frankfurt(Oder)-Hansaviertel

Abb. 61/62
links
FAHRRADHÄUSCHEN
im Hinterhof
München-Westend

rechts
FAHRRADHÄUSCHEN
beim Altenwohnhaus
Lünen-Brambauer

Abb. 63-65
FAHRRADHÄUSCHEN
rechts
Tordurchfahrt
in Hamburg-Heimsfeld

oben links
in Neubaugebiet
Lörrach-Stadion

unten links
im Straßenraum
Nürnberg-Gostenhof

Spazierengehen, das zeigen viele Untersuchungen, ist ein zentraler Bestandteil des Tagesverlaufs im Alter. Die Anlage von erlebnisreichen Spazierwegen im Neubau oder bei der Modernisierung mit gehfreundlichen, rutschsicheren Bodenbelägen, Treppen und Rampen und die Anordnung von Bänken da, wo eine Rast notwendig ist, wo sich Ausblick und Anteilnahme am täglichen Leben im Quartier bieten, am Platz, an der Kreuzung, vor der Haustür, erleichtert die tägliche 'Benutzung' des Wohnumfeldes. Dazu trägt auch eine ausreichende Beleuchtung der Wege und der Sitzgruppen bei, die zudem Leitfunktion zur Orientierung im Quartier übernehmen kann.

Abb. 66
SENIORENFREUNDLICHE
WEGE UND RUHEPLÄTZE
in Neubaugebiet
Stttgart-Pfaffenäcker

Abb. 67
SENIORENFREUNDLICHE
WEGE UND RUHEPLÄTZE
in Großsiedlung 70er Jahre
Berlin-Marzahn

Wir können das Leben der Älteren auch erleichtern, wenn wir die technische Möblierung des Wohnumfeldes stärker an ihre Bedürfnisse anpassen. Das gilt für Müllsammlung ebenso wie für die 'Entsorgung' der Vierbeiner (Hundeklo), denn für viele einsame Alte sind Haustiere ein wichtiger Bestandteil des Lebens.

Die Hausbriefkästen - i.d.R. im Hausflur - sollen gut erreichbar, gesichert und beleuchtet sein. Sie können auch vor der Haustür zusammengefaßt als Häuschen mit Dach, Sitzbank und Papierkorb für Werbeprospekte aufgestellt werden, bieten sie doch so beim Zeitung- oder Postholen zugleich Gelegenheit zum zwanglosen Plausch mit den Nachbarn.

Nicht zu vergessen ist die Einrichtung gut erreichbarer Briefkästen der Bundespost und öffentlicher Telefonhäuschen, neben die immer auch eine Bank gehört, damit das Warten erleichtert wird.

Viele ältere Menschen verfügen, unbeschadet davon, daß die Sozialhilfe hier einspringt, über keinen eigenen Telefonanschluß. In Dresden sind dies insbesondere die Ältesten; von den 70-79jährigen haben über 40 %, von den 80jährigen und Älteren über 50 % kein eigenes Gerät (Sozialplan Dresden 1995).
Jedoch: Das Handy ist auf dem Vormarsch!

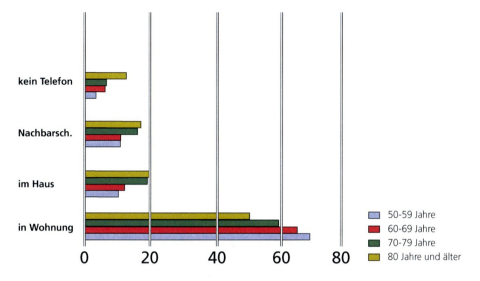

50-59 Jahre
60-69 Jahre
70-79 Jahre
80 Jahre und älter

Abb. 68
TELEFON BEI DEN ÄLTESTEN
AM SELTENSTEN
(Telefonnutzung älterer Menschen in Dresden - 1994)

Praktische Erleichterung zur sicheren Benutzbarkeit von Wegen läßt sich schaffen, wenn die - speziell in den 70er Jahren vielfach gebauten, im Winter oft vereisten - Laubengänge verglast werden (dabei lassen sich oft zusätzlich noch kleine Etagentreffpunkte schaffen) oder Gehwege z. T. überdacht werden, die damit - wofür die Ärzte plädieren - auch bei schlechtem Wetter für das körperliche Fitbleiben dienlich sind.

Abb. 69-72
HUNDE UND EIN HUNDEKLO
in Großsiedlungen
Berlin-Märkisches Viertel

Schließlich sind - im Bedarfsfall einzurichtende - individuelle Hilfsmaßnahmen zu nennen, die es besonders dem rollstuhlfahrenden Behinderten erleichtern, am Leben im Wohnquartier teilzunehmen: durch Zuwegung der EG-Wohnung über die Terrasse, durch Hebebühnen, Rampen zu den Eingangstreppen usw. und - z.B. im Wohnquartierzentrum - durch behindertengerechte öffentliche Toilettenanlagen (Schlüssel am Kiosk).

Abb. 73/74
BARRIEREFREIES BAUEN
mit Rampen, Fahrstuhl und
Laubengängen im integrieten
Wohnen
links
Lindenberg - An der Säge

rechts
Kempten-Burghalde

Abb. 75/76
BARRIEREFREIE
ZUGÄNGLICHKEIT
durch Anbau Hebebühne zur
Überwindung der Treppen im
Erdgeschoß zum Fahrstuhl-Zu-
gang im Hochhaus
Hoyerswerda-Mitte

Abb. 77-79
ZUGÄNGLICHKEIT FÜR
WOHNUMFELDEINRICHTUN-
GEN FÜR ROLLSTUHLFAHRER
Bad-Oeynhausen-Stadt
Hagen-Helfe

Auch für die Planung oder Umgestaltung des Wohnumfeldes ist die DIN 18025, insbesondere Teil 2 »Barrierefreie Wohnungen«, in der alle Mindestanforderungen für einen großen Nutzerkreis mit den verschiedensten Handicaps zusammengefaßt sind, neben Teil 1 für Rollstuhlbenutzer, eine wichtige Arbeitshilfe (Weeber 1997, Seite 24ff.).

Abb. 80
ZUGÄNGLICHKEIT ÜBER INNE-
REN LAUBENGANG MIT LIFT
St. Wendel-Altstadt

Ziel von Verbesserungs- und Ergänzungsmaßnahmen im Wohnumfeld zur Erleichterung der 'Handhabung' sollte es sicher nicht sein, jedwedes Hindernis aus dem Weg zu räumen und alles 'einzuebnen' für das Leben im Alter (im Gegenteil: z.B. Treppensteigen, solange es geht, wird als kontinuierliches Training für alte Menschen empfohlen). Es gilt, Wahlangebote zu machen, die es den Senioren je nach Befindlichkeit erleichtern, das Wohnumfeld als räumlichen und sozialen Lebensbereich nach eigener Vorstellung auch nutzen zu können.

Aber es gilt auch, darüber nachzudenken, wie durch Wohnumfeldmaßnahmen das Leben bei zunehmender Immobilität bereichert werden kann.

Die Deutschen leben länger

Wiesbaden – Die Deutschen leben immer länger: Die durchschnittliche Lebenserwartung liegt derzeit für einen neugeborenen Jungen bei 74,4 Jahren, für ein Mädchen bei 80,6 Jahren. Für Männer hat sich damit die Lebenserwartung im Vergleich zum Vorjahr um 4,8 Monate verlängert, für Frauen um 3,6 Monate, wie das Statistische Bundesamt in Wiesbaden mitteilte. Auch ältere Menschen können sich auf einen längeren Lebensabend freuen: Ein heute 60-Jähriger kann noch mit gut 19 Jahren rechnen. Für eine gleichaltrige Frau ergeben sich 23,3 Jahre. (ap)

KÖLNER STADTANZEIGER
vom 14.12 2000

7 Wohnumfeldeinrichtungen zur Bereicherung des Lebens

Auf die Notwendigkeit unterstützender und anregender Wohnbedingungen, auch was das Wohnumfeld angeht, wurde im 2. Altenbericht im Zusammenhang mit dem biologischen Altern eingegangen (Kapitel Kruse).

Mit zunehmendem Alter gewinnt das Wohnquartier als Lebensmittelpunkt für viele ältere Menschen an Bedeutung. Für kulturelle, musische, handwerkliche Interessen gibt es mehr freie Zeit, dem Bedürfnis nach Geselligkeit, nach Gedankenaustausch wird hier verstärkt Rechnung getragen, die Teilnahme am sozialen Leben, die Befriedigung von Neugier, das Engagement für die lokalen Belange nimmt zu (unter den wie vor dargestellten Differenzierungen). Wenn die räumliche Mobilität, - die Auslandsreise, der Spontanbesuch bei Freunden in 200 km Entfernung usw. - nachläßt, gewinnen die sozialen, die jahreszeitlichen, die lokalen Ereignisse an Bedeutung. Das Wohnumfeld kann ein Ort der Bereicherung des Lebens werden, wenn wir die Möglichkeiten zu Anteilnahme und Kontakt, zur Abwechslung, zum Naturerlebnis und zur Aneignung verbessern.

Zu den elementaren Voraussetzungen für eine - aktive wie passive - Teilnahme am alltäglichen Leben gehört die Verbindung der privaten zur öffentlichen Sphäre, gehört der Kontakt. Das beginnt ganz einfach: Wohnungen für Senioren - eine Forderung besonders für Behinderte oder Kranke - brauchen tiefgezogene Fenster mit Ausblick und Einblick in den Alltag, Balkone, von denen man herunter schauen kann und Terrassen im Erdgeschoß, die Kontakte zu anderen Leuten ermöglichen. Insofern gehören diese evtl. besser zur Straße, zum Eingang, zum Platz, auch, wenn dort Norden ist, und nicht zum 'ruhigen' Innenhof. Auch geschickt gestaltete Laubengänge im Neubau wie bei der Modernisierung können

Abb. 81/82
ANBAU VON BALKONEN
in Siedlung der 30er Jahre
Würzburg-Frauenland

die Kontaktmöglichkeiten nach außen/von außen wirkungsvoll erleichtern.

Ältere Menschen, deren Leben sich nach Beendigung des Berufslebens stärker auf das Wohnquartier und die Wohnung konzentriert, legen Wert auf eine ›gute Adresse‹, auf ein ansehnlich gestaltetes, gepflegtes Ambiente. Hier kommt es nicht selten zu Konflikten mit den jüngeren Generationen. Hier finden sich vielfach aber auch vernachlässigte, lieblos gestaltete bauliche Situationen.

Alle Maßnahmen, die darauf abzielen, das Wohnumfeld erkennbar schöner zu machen, tragen dazu bei, das Leben der Senioren zu bereichern. Das sind z.B. die im Zuge von Modernisierungsmaßnahmen neu gestalteten Eingänge mit Eingangshaus, Briefkästen, Blumenschmuck usw. Das kann die Wiederherstellung der alten Farbfassung - etwa aus der Gründerzeit, der Zeit des Jugendstils oder der 20er Jahre - ebenso sein wie eine neue Farbfassung ehemaliger Schlichtarchitektur der 50er Jahre.

Abb. 83
ANBAU VON WOHNTERRAS-
SEN
in Siedlung der 60er Jahre
Pößneck-Ost

Abb. 84/85
links
in Neubausiedlung
Freiburg-Sauergärten

rechts
in Sanierungsgebiet
Hamburg-Heimsfeld/Nord

Besonders in den neuen Bundesländern wird im Zuge der Instandsetzungs- und Modernisierungsmaßnahmen auf vielfältige Weise versucht, durch neue Farbgestaltungen die Massivität der Großbauten der 70er Jahre zurückzunehmen, die Gestaltung zu humanisieren oder Kleinquartiere erkennbar abzugrenzen. Dazu gehört ebenso die Ausstattung des Wohnumfeldes mit - beim Spaziergang gern aufgesuchten und dem Besuch vorgeführten - Werken der Bildhauerkunst oder der Fassadenmalerei, die Großvätern und Großmüttern mitunter Gelegenheit geben, den Enkeln die Geschichte des Stadtquartiers bildhaft vor Augen zu führen.

Zur Bereicherung des Lebens im Wohnquartier zählt für älter werdende Menschen auch das Beobachten, das Werden und Vergehen im Lauf der Jahreszeiten, das Naturerlebnis vor der Haustür (was beim Kräuter- und Blumenkasten vor dem Küchenfenster oder auf dem Balkon beginnt).

Ergänzungen und Verbesserungen des Wohnumfeldes im Interesse der Alten sollten deshalb darauf abheben, durch Blumenrabatten, 'Duft-Beete', durch Obstbäume, durch Nistkästen für Singvögel, durch Vogelvolieren, Goldfischbecken, durch Teiche mit Frosch, Libelle und Röhricht, durch Hausberankungen die Natur ins Wohnquartier zu bringen - vielfältige Ansätze für kleine Beobachtungen, für Hobby-Fotografen/-Filmer, für Tierfütter-Freunde wie für Gespräche.

Abb. 86
GARTENPLATZ
SIEDLUNGSMITTE
mit Sitzgruppen, Springbrunnen, Kneipp-Wasserbecken, Duft + Farb-Blumenbeeten in Neubaugebiet
Regensburg-Königswiesen/Süd

Abb. 87/88
GARTENTEICH
hochgelegt, mit Sitzen
Mülheim-Saarn

Abb. 89
BLUMEN-HOCHBEET
für Rollstuhlfahrer
Mülheim-MÜGA

Das Leben im Wohnquartier wird für manche Senioren bereichert, wenn es Gelegenheit gibt, sich aktiv in Haus und Garten zu betätigen. Im Wohnumfeld sind dies z.B. Möglichkeiten zur Gartenarbeit und zum Werkeln, die bei Neubau wie im Rahmen von Modernisierungsmaßnahmen eingerichtet werden können, sei es zur Bepflanzung und Pflege von Vorgärten oder Rabatten längs des Weges für ein paar Blumen und einen schönen Ausblick, sei es - ernsthafter - als Gärtner im hausnahen Mietergarten oder in der benachbarten Kleingartenkolonie. Dabei kann an alte Traditionen und Gewohnheiten in den Siedlungen angeknüpft werden, auch für Ältere, wenn einfache Unterstützung, Gerätehäuschen, Wasseranschluß, Einzäunung durch die Unternehmen geleistet wird.

Abb. 90/91
VORGARTENBEPFLANZUNG
durch ältere Mieter
links
Leipzig-Grünau

rechts
Potsdam-Waldstadt

Abb. 92/93
HAUSGÄRTEN
links
in Siedlung der 70er Jahre
Magdeburg-Olvenstedt

rechts
Bergarbeiter-Kolonie,
Duisburg-Hamborn

Und nichts spricht eigentlich dagegen, daß bei entsprechender Lage auch wieder Kleintierhaltung und -pflege, daß Hasenstall und Taubenschlag Einzug in unsere Wohnquartiere finden können.

Auch hier gilt es, die konkret vorfindbaren lebenslaufspezifisch geprägten alters- und schichtspezifischen Bedürfnisse der Älteren vorab zu erkunden. Die pensionierten Eisenbahner haben eventuell andere Vorstellungen von Ausstattung, Standard und ›Inhalt‹ eines Gartens als die türkischen Senioren, wo es - wie früher bei uns auch - möglichst ›nützlich‹ sein muß.

Handwerkliches Geschick und ein Organisationstalent beim Naturaltausch hat nicht wenigen DDR-Familien nicht nur die Möglichkeit gegeben, sich ihre Häuser und Wohnungen ihren Bedürfnissen entsprechend zu gestalten und 'Datschen' zu erwerben, die sie in ähnlicher Weise nutzen, wie die Älteren im Westen. Immerhin verfügten 35 % der DDR-Haushalte über eine Datscha mit langfristigen Pachtverträgen und minimalen Pachten. Weitere 55 % wünschten sich eine Datscha, denn nicht nur die Pachten waren niedrig, sondern auch ›Party 2000‹ - das Häuschen im Grünen - war im Baumarkt erhältlich und einfach aufzubauen (Schweitzer 1996, Seite 19).

Abb. 94/95
KLEINGARTENANLAGE
in Wohngebiet integriert

links
Kiel-Mettenhof

rechts
Chemnitz-Gablenz

Abb. 96/97
MIETERGÄRTEN
in umgebauter Grünfläche
Ratingen-West

Dem Erhalt und der Neuanlage von wohnungsnahen Kleingärten als Betätigungsfeld der Älteren, als Treffplatz für Freunde und Familien und zur Selbstversorgung mit Blumen und Gemüse muß nach Auffassung der Kommission bei der Wohnumfeldgestaltung verstärkt Beachtung geschenkt werden.

Anzusprechen wären schließlich Möglichkeiten für ehrenamtliche oder nebenamtliche Arbeit im Wohnquartier, die das Leben älterer Menschen als freiwillig geleisteter Beitrag zur Pflege der eigenen Nachbarschaft bereichern kann - von der fachkundigen Betreuung einer Jugendwerkstatt bis zur Beratung in Wohngeldangelegenheiten, von der Mitwirkung als Mieterbeirat bis zum Engagement in Sozialeinrichtungen.

Untersuchungen zeigen, »*daß ein großer Teil der befragten älteren Menschen in Vereinen aktiv ist und dort Interessen und Hobbys nachgeht. Die Vereinsmitgliedschaft von Arbeitern bezieht sich häufiger als bei Angestellten und Beamten auf 'karitative' und politische Gruppen, dazu zählen zum Beispiel die Arbeiterwohlfahrt, das Deutsche Rote Kreuz oder Gewerkschaften. In Sportvereinen und Landsmannschaften sind dagegen häufiger Angestellte und Beamte anzutreffen. Dabei wird in fast allen Fällen bis ins hohe Alter die Vereinsmitgliedschaft beibehalten, lediglich die Aktivitäten innerhalb der Vereine wurden ab etwa 70-75 Jahren geringer ... Natürlich sind neben den konkreten Aktivitäten - seien sie nun sportlicher, politischer oder sonstiger Natur - die möglichen Kontakte zu Gleichgesinnten, die bei Mitgliedertreffen und auch unabhängig davon möglich sind, von großer Bedeutung. Vereine können daher vor allem in Zusammenhang mit der im Alter zunehmenden Gefahr der Vereinsamung eine große Rolle spielen.*«
(BfLR 1992, Seite 57)

Auf die Wechselwirkungen zwischen den personalen Ressourcen der älteren Menschen und den Umweltressourcen in räumlicher und organisatorischer Hinsicht wurde im 2. Altenbericht hingewiesen (Kap. Kruse).

Ziel von Verbesserungen und Ergänzungsmaßnahmen im Wohnumfeld sollte es sein, die Elemente, die zur Bereicherung des Lebens im Alter beitragen, den Bedürfnissen der unterschiedlichen Altengruppen entsprechend als Angebote vorzuhalten. Dazu gehören auch die vielfachen sozialen und kulturellen Aktivitäten im Wohnquartier. Sie sind, möglichst konfliktminimierend zu Anforderungen anderer ›Senioren‹ bzw. der jungen Leute, der Kinder, der berufstätigen Singles, zu gestalten und bieten so eine potentielle, eventuell selbstausbaunotwendige Chance aktiver und passiver Teilnahme am Leben im Quartier.

Auch wenn manches hier vielleicht 'sozialromantisch' klingen mag und angesichts der dringenden Probleme in den alten wie in den neuen Bundesländern utopisch erscheint: Es gibt viele realisierte Beispiele, vor allem der unternehmerischen Wohnungswirtschaft, die zeigen, auf wie vielfältige Weise das Wohnumfeld und die Quartiergestaltung in alten und neueren Wohngebieten fortentwickelt und das Leben der Senioren erleichtert und bereichert werden kann.

8 Gemeinschaftseinrichtungen zur Nachbarschaftspflege

Sich treffen, miteinander reden, erzählen, werkeln, gemeinsam feiern und spielen, unter sich oder mit den Jungen zusammen, Mitplanen und Organisieren des nachbarschaftlichen Alltagslebens und Integration der Einsamen, braucht Räume und Anlässe im Wohnquartier.

Selbständigkeit im Alter ist davon abhängig, daß man sie auch ausüben kann und daß es sich lohnt, selbständig zu sein. Dafür ist ein Kontext von sozialen Bindungen und sinnvollen Aufgaben erforderlich, der den Willen zur aktiven Auseinandersetzung mit der sozialen und räumlichen Umwelt fördert und aufrechterhält. Damit soziale Netze, nachbarschaftliche Kontakte, gegenseitige Hilfe von Jung und Alt entstehen können, bedarf es nicht nur der professionellen Angebote und Leistungen der Träger der Sozialarbeit in den dafür geschaffenen Stadtteil-Einrichtungen, sondern auch der der ›kleinen‹ sozialen Infrastruktur im Wohnquartier durch die Wohnungsunternehmen.

Das beginnt mit der Bereitstellung von erweiterten Flurteilen oder Stuben, die sich die Älteren selbst ausgestalten können für gemeinschaftliche Nutzung. Der Bau von öffentlich geförderten Altenwohnungen, z.B. im Rahmen der Nachverdichtungen älterer Siedlungen, bietet in der Regel die Gelegenheit, hier auch kleinere oder größere Alten-Gemeinschaftsräume mit Küche, WC usw. einzurichten, die nicht nur dem eigentlichen Bewohner für Kaffeetrinken, für Werken und Handarbeiten, für Skatspiel und gemeinsame Fernsehstunden zur Verfügung stehen, sondern auch offen für andere Senioren aus der Umgebung oder für Veranstaltungen für alle Mieter sind.

Abb. 98/99
links
WERKSTATT
in Senioren-Wohnhaus
München-St. Jacobsplatz

rechts
ALTENSTUBE
in Neubauwohnanlage
Hagen-Helfe

Umgekehrt sind Mietergemeinschaftsräume, die für Familienfeiern, Vorträge, Versammlungen usw. durch die Wohnungsunternehmen in den letzten Jahren in sehr unterschiedlicher Form - in der Zwischenetage, im Erdgeschoß oder im Dachgeschoß großer Häuser, als Vorbauten oder freistehend als Pavillons - gebaut worden sind, bevorzugter und gern angenommener Treffpunkt der ›Senioren‹. Dabei können Veranstaltungen hierin - oft organisiert durch die örtlichen Träger der sozialen Arbeit - das Kennenlernen der ›Junioren‹ und die Kontakte von Jung und Alt unterstützen. In Altbaugebieten werden hierzu z.B. leergefallene Läden, Erdgeschoßwohnungen oder Waschhäuser umgebaut.

Abb. 100-102
MIETER-GEMEINSCHAFTS-
HÄUSER
im sozialen Mietwohnungsbau

oben links
Nürnberg-Langwasser

oben rechts
Rostock-Toitenwinkel

Bielefeld-Altenhagen

Abb. 103
MIETER-GEMEINSCHAFTS-
HAUS
in Einfamilienhaussiedlung
Röthenbach-Steinberg

Im komplexen Wohnungsbau der Großsiedlungen in den neuen Bundesländern, in denen in der Regel für die Jugendlichen Räumlichkeiten zur Verfügung standen, die aus wirtschaftlichen Gründen vielfach geschlossen wurden, muß es das Bemühen sein, diese zu reaktivieren, besonders für die zunehmend erforderliche Altenarbeit.

Abb. 104/105
links
MIETER-CAFE
in Großsiedlung der 70er Jahre
Hamburg-Steilshoop

rechts
CAFETERIA – quartieroffen
in Senioren-Wohnhaus
Bautzen-Am Stadtwall

Abb. 106/107
links
GENOSSENSCHAFTS-
RETAURANT
im Betriebshof in Großsiedlung 70er Jahre
Eisenhüttenstadt-WK X

rechts
MIETER-CAFE
im Sanierungsgebiet -
integrietes Wohnen
Kempten-Unter der Burghalde

Ältere Leute, die in kleinen Altbauwohnungen oder speziellen Altenwohnungen leben, haben oft Schwierigkeiten, von weit anreisende, besuchende Familienangehörige oder Freunde unterzubringen. Bei längerem Aufenthalt wird bei großer Enge der Lebensrhythmus belastet. Die Unterbringung im Hotel (sofern quartiernah überhaupt eines vorhanden ist) scheitert oft an den Kosten. Hier hilft die Einrichtung von Gästewohnungen, wie sie von gemeinnützig orientierten

Abb. 108/109
GÄSTE-WOHNUNG
in umgerüstetem Gemein-
schaftshaus mit Versamm-
lungsraum, Werkräumen,
Küche, öff. Telefon,
Hilfsmittellager in Siedlung
30er Jahre
Bielefeld-Heepener Fichten

Abb. 110/111
GÄSTE-WOHNUNGEN
zentral im Verwaltungsge-
bäude der Genossenschaft
Potsdam-Mitte

Abb.: 112/113
dezentral in Neubaugebiet
Stadtrand
Berlin-Rudow

Wohnungsunternehmen in größeren Neubauanlagen seit längerem praktiziert wird. Diese werden den Mietern für ihre Besucher für einen bestimmten Zeitraum kostenlos oder für geringes Entgelt zur Verfügung gestellt und finden regen Zuspruch. Auch im Rahmen von Modernisierungsmaßnahmen im Altbaubestand kann hier - bei entsprechender Förderung - ein Angebot bereitgestellt werden, das dem sozialen Zusammenhang der Alten mit Familie und Freunden förderlich ist.

Von besonderer Bedeutung für den Verbleib älterer Menschen in ihrem ange-
stammten Wohngebiet ist die Bereitstellung notwendiger Pflege- und Hilfsdienste in annehmbarer Entfernung. Die nachträgliche Einfügung von stationären
Einrichtungen der Altenpflege und Altenhilfe inmitten alter Wohnquartiere mit
überdurchschnittlich großem Anteil älterer Menschen ist ein wichtiges Element
der Quartiersverbesserung.

Abb. 114/115
AMBULANTE PFLEGE
links
in Einfamilienhausgebiet mit
Betreuungsstützpunkt
Kiel-Hasseldieksdamm

rechts
in Mehrfamilien-Wohngebiet
mit Mietergemeinschaftshaus
Ingolstadt-West

Abb. 116-118
SOZIALSTATION IM BESTAND
mit Tagespflege
links
in Hochhaus der 70er Jahre
Bremen-Aumund

rechts
in Siedlung der 60er Jahre
Rendsburg-Parksiedlung

in Großsiedlung der 70er Jahre
Rostock-Schmarl

Abb. 119/120
EINSIEDLUNG VON ÄRZTEN
in Großsiedlung der 70er Jahre
links
Greifswald-Schönwalde

rechts
Potsdam-Waldstadt

Grundsätzlich ist es sinnvoll, mehrere Dienstleistungen in einer Einrichtung zu kombinieren oder organisatorisch zu vernetzen, was zu einer qualitativen und quantitativen Erweiterung des Angebotes beitragen kann: Die Nutzer finden dann verschiedene Angebote in vertrauter Umgebung vor, während sich für die Anbieter Vorteile aus einer effektiveren Arbeitsorganisation und kapazitätsauslastenden Nutzung der Einrichtung ergeben (EXWOST 1992).

Abb. 121-123
SOZIAL- UND
KOMMUNIKATIONSZENTRUM
mit Bistro, Seniorenbetreuung, Kinder- und Jugendräumen, betreuten Altenwohnungen in umgebauter
Hochgarage in Siedlung der
70er Jahre
Hannover-Vahrenheide

Die genannten stationären Einrichtungen der Träger der sozialen Arbeit sind dann besonders hilfreich, wenn von hier aus nicht nur temporäre Pflege (bei kurzfristiger Pflegebedürftigkeit, beim Urlaub der pflegenden Angehörigen), ärztliche Betreuung, mobile Pflege, Essen auf Rädern usw. sichergestellt sind, sondern wenn rüstige Ältere aus der Umgebung hier auch Service- und Dienstleistungen in Anspruch nehmen können. Hierzu gehören Friseur, Körperpflege, therapeutisches Schwimmen, Altensport oder Angebote der offenen Altenhilfe für Freizeit, Geselligkeit, Bildung. Ein gemeinsamer Mittagstisch, ein Café mit Gartenterrasse (mit erschwinglichen Preisen) bietet Anlaß zur Anteilnahme am Leben, gibt Gelegenheit zu regelmäßigen oder zwanglosen Treffen mit Gleichaltrigen, mit Nachbarn oder Familienbesuch. Hier wären, auch in den neuen Bundesländern, verstärkt Modellentwicklungen für kleine stationäre Einrichtungen wünschenswert, die o. a. ›öffentliche‹ Funktionen mit übernehmen könnten und sich in bestehende ältere Wohnanlagen einfügen lassen.

Wenn von der Mobilisierung der Älteren für nachbarschaftsbezogene ehren- oder nebenamtliche Tätigkeit die Rede ist, sollte man sich allerdings keine Illusionen über das hierfür vorhandene Potential machen. Eine Untersuchung hat ergeben, daß eine außerberufliche Tätigkeit im Alter zwar von 65 % der Erwerbstätigen bzw. 67 % der Nicht-Erwerbstätigen grundsätzlich positiv eingeschätzt wird (ansteigend mit Bildungsgrad und Einkommenshöhe). Jedoch haben hierfür nur 14 % der Noch-Erwerbstätigen konkrete Pläne, und nur (oder immerhin?) 23 % der Nicht-Erwerbstätigen gehen außerberuflichen, nicht erwerbsmäßigen Tätigkeiten nach (mit rund 7,8 Stunden/Woche). 16 % davon bekleiden ein Ehrenamt: 3 % widmen sich politischer Arbeit, aber nur 4 % (Frauen 6 %; 50-55jährige 8 %) betätigen sich im Pflegedienst (Warnke 1993).

Auch bei einer anderen Untersuchung zeigt sich, daß das Hilfspotential über die Jahre relativ konstant geblieben ist (mit leichtem Anstieg in einzelnen Kategorien) und in seinem Umfang nicht überschätzt werden darf (WZB 1989).

Es sind z.B. bereit zur
– Beaufsichtigung kleiner Kinder
    für Freunde   18 %
    für Verwandte   15 %
    für Nachbarn   11 %

– Betreuung Kranker/Behinderter
    für Freunde   7 %
    für Verwandte   15 %
    für Nachbarn   4 %

Wir tun also gut daran, im konkreten Falle vorab zu erforschen, in welcher Größenordnung die Bereitschaft zur Mitwirkung im Rahmen sozialer Netze und nachbarschaftlicher Aktivitäten bei den Senioren zu finden ist.

9 Organisation von Kommunikation, Beratung und Service

Aktivität und Selbständigkeit im Alter hängen sehr stark vom Grad der Information ab, die die älteren Menschen im Hinblick auf die Möglichkeiten der Anteilnahme am alltäglichen Leben erreichen.

In zahlreichen Modellmaßnahmen ist erkennbar, wie die Bereitschaft zur freiwilligen ehrenamtlichen Tätigkeit, zur Beteiligung am öffentlichen Leben, zur Nutzung der Lebenserfahrungen der Alten im Dienste des Gemeinwohls gestärkt werden kann (Bundestag 1985).

Neben den Bemühungen, die auf diesem Felde die Gemeinden betreiben, ist zu fragen, was im Wohnumfeld, was seitens der gemeinnützig orientierten Wohnungsunternehmen organisatorisch getan werden kann, um Kommunikation und Kontakt zu fördern, gesellschaftliche Arbeit der 'Senioren' zu stützen und die Tätigkeit der Träger der sozialen Arbeit im Wohnquartier zu erleichtern.

Hier wäre zunächst der Ausbau wohngebiets- oder unternehmensspezifischer Informationen für die älteren Menschen zu nennen. Die regelmäßige Herausgabe von Senioren-Infos, von Mieterzeitungen, die Einrichtung von Info-Schaukästen, Anschlagtafeln, Hausmitteilungen können dazu beitragen, Hemmschwellen abzubauen.

Abb. 124/125
links
SENIOREN-INFORMATION
vor Altentreff Trier-Neukürenz

rechts
MIETERZEITUNG
der kommunalen WBG
Magdeburg mbH

Die Veranstaltung von Mieterfesten im Stadtteil oder im engeren Quartier unter Beiziehung der Koch- und Backkunst der Älteren, von Altennachmittagen, Stadtrundfahrten, Vortragsveranstaltungen, Wandertagen, Besichtigungen, die das Unternehmen für seine älteren (und jüngeren) Mieter organisiert und (u.U. mit Unterstützung lokaler Sozialorganisationen) betreut, fördern Kommunikation für Blickerweiterung und Informationsaustausch.

Abb. 126/127
links
MIETERFEST IM
WOHNQUARTIER
DOGEWO Dortmund mbH

rechts
JAHRES-SENIORENFEST
mit Mietern aus allen Wohn-
lagen in NRW und
Sachsen-Anhalt
THS TreuHandStelle GmbH -
Essen

Abb. 128/129
EINWEIHUNGSFEST
VERWALTUNGSNEUBAU
mit Mietern aller Nationen,
Jung + Alt, Musik, Essen, Spiele
HGW Herner gemeinnützige
Wohnungsges. mbH

Die Einbeziehung von Mietern in die unternehmerischen Aktivitäten in der institutionalisierten Form von Mieterbeiräten - sei es für bestimmte Wohnquartiere, sei es für den Bereich des gesamten Unternehmens - ist inzwischen vielfache Praxis.

Wie Untersuchungen des GdW bereits in den 70er Jahren gezeigt haben, sind in
den Mieterbeiräten überdurchschnittlich die Älteren aktiv. Sie setzen ihre nun
verfügbare freie Zeit zum Wohl der Nachbarschaft gern ein und sind als i.d.R.
langjährige Mieter ausgezeichnete Kenner der Probleme, aber auch der räumlichen und sozialen Qualitäten des Wohnquartiers.

Auch bei den projektorientierten Mietermitwirkungsgruppen, die sich mit der
Lösung bestimmter Planungs- und Ausbauprobleme in der eigenen Nachbarschaft befassen (z.B. Modernisierung, Wohnumfeldverbesserung usw.), arbeiten
in aller Regel engagierte Alte und Junge gemeinsam.

Im Altbaubestand z.B. der Gründerzeit, sind vor allem Bürgerinitiativen und
Mietervereine aktiv, in denen die ›Senioren‹ mitarbeiten und ihre spezifischen
Interessen in die Wohnumfeld- und Quartierplanung einbringen.

Abb. 130
MIETER-ARBEITSGRUPPE
WOHNUMFELD
zur Gestaltung Neubaugebiet
Berlin-Woltmannsweg
GSW Berlin mbH

Abb. 131/132
PLANER LADEN
SERVICE-ZENTRUM
Seniorenarbeitsgruppe
Bielefeld-Heeper fichten
Freie Scholle Bielefeld eG

Gerade für ältere Menschen gewinnt die mieternahe Wohnungsverwaltung, d.
h. die Dezentralisierung und Personalisierung aller gebietsbezogenen Verwal-
tungs- und Betreuungsarbeit, an Bedeutung. Die Einrichtung von Stadtteilbüros,
die - auch optische - Präsenz des Unternehmens durch Wohnungsverwalter und
Service-Fahrzeuge im Wohngebiet, die rasche Instandsetzung bei Schadensfällen
fördert die Sicherheit, 'daß alles klargeht', und trägt zu engeren Kontakten zwischen Mieter und Unternehmen bei, was auch eine zielsichere Organisation von
Hilfe oder Beratung im Einzelfall ermöglicht.

Abb. 133/134
MIETER-SERVICE
links
in innerstädtischem
Mischgebiet
GSG Oldenburg mbH

rechts
in Großsiedlung 70er Jahre
WOBAU Kiel mbH

Abb. 135-137
MIETER-SERVICE
im Wohnquartier
oben
KUNDENDIENST
VEBA Immobilien AG – Bochum

TECHNISCHER DIENST
durch mobilen Einsatz der
Betriebshandwerker
links
WBG Greifswald eG

rechts
GSW Minden eG

Abb. 138/139
CONCIERGE DIENST
rund um die Uhr für Dienst-
leistung und Sicherheit in
Hochhäusern
Bremen-Tennever
GEWOBA Bremen mbH

Die zunehmende Vereinsamung im Alter fordert die aufsuchende Beratung und Hilfe im Rahmen eines sozialen Quartiermanagements, das vielfach im Aufbau begriffen ist (InWIS 1994).

Die Förderung von Selbsthilfe und Eigeninitiativen der Alten kann auf vielfältige Weise - auch als Mittel der Kommunikation der älteren Menschen untereinander und mit Jüngeren - erfolgen. Die Übernahme von regelmäßigen Gartenpflegearbeiten oder der 'Frühjahrsputz' der Außenanlagen, die Anlage von Spielplätzen, die Instandsetzung von Treppenhäusern, Eingangsbereichen, die Betreuung von Mofa-Werkstatt, die Einrichtung von Mittagstisch/Kinderkrabbelstube - gibt hierzu etwa Gelegenheit.

Abb. 140/141
links
HAUS AM KONRADPLATZ
im umgebauten Bergarbei-
terhaus für vielfältige Aktivitäten der Mieter, der
Senioren, Kinder usw.
Lünen-Brambauer

rechts
TREFF NECKARSTADT-OST
im umgebauten Laden
Mannheim-Neckarstadt

Die gemeinnützig orientierten Wohnungsunternehmen können und sollen in ihren Siedlungen beim Aufbau von Nachbarschaft zur Integration der älteren Menschen im Wohnquartier den Trägern der Sozialarbeit behilflich sein, durch Umbau von EG-Wohnungen als Altenstuben, als Sozialstation, als Beratungsbüro, durch technische und administrative Organisationshilfen, durch Kontaktvermittlung usw.

Schwieriger wird die Organisation von Kommunikation, Beratung und Service in Altbaugebieten mit vielen Einzelhauseigentümern, die im Interesse der quartiergewünschten Entwicklung kooperieren müßten. Hier ist die Federführung durch die Gemeinde, durch einen Sanierungsträger oder durch einen 'Quartierarchitekt' im Zuge von Modernisierungs- und Sanierungsmaßnahmen notwendig und erprobt.

Abb. 142/143
links
ALTENCLUB
der Volkssolidarität
Halle-Innenstadt

rechts
STADTEILBÜRO
in Großsiedlung
Köln-Chorweiler

Abb. 144
STADTTEILLADEN
in Sanierungsgebiet
Nürnberg-Gostenhof

Bei allen Bemühungen bleibt zentral dabei immer der Respekt vor den älteren Menschen, das persönliche Gespräch als die wichtigste Form der zwischenmenschlichen Kommunikation. Nicht verwalten, nicht versorgen, sondern zur selbstbewußten Teilhabe am alltäglichen Leben ermutigen, 'Hilfe zur Selbsthilfe' muß das Ziel des organisatorischen Handelns bei der Weiterentwicklung von Wohngebieten entsprechend den Bedürfnissen der älteren Menschen sein.

10 Sozialplanung und soziales Management im Quartier

Für die Wohnumfeld- und Quartiersentwicklung im Interesse der älteren Bürger auf der Grundlage wohngebietsbezogener Rahmenplanung und Sozialplanung ist eine verstärkte Abstimmung der Akteure und Verantwortlichen vor Ort erforderlich.

Für die Zukunft besteht die Gefahr, daß sich die Ausstattung der Wohnquartiere abbaut, z.B. durch Wegfall von Läden (Konzentration im Einzelhandel), und daß auch die in der Regel durch eine alters-homogene Haushaltsgruppe belegten Neubausiedlungen wie unsere Altbausiedlungen der 20er und 30er Jahre ›vergreisen‹, wenn nicht durch quartiersbezogene Sozial-, Familien-, Städtebau- und Wohnungspolitik gegengesteuert wird.

Daher wird, wie bereits angesprochen, in Zukunft verstärkt notwendig:
– ein sozialorientiertes Quartiersmanagement unter Einbeziehung aller Entwicklungsmöglichkeiten, das durch Ergänzungsbau, Zubau, Nachverdichtung, Aus- und Umbau von Wohnungen (auch für Besserverdienende, auch im Eigentumsbereich) Arbeitsstätten und Versorgungsdienste bietet, und dabei
– eine enge und partnerschaftliche Kooperation der Wohnungsunternehmen und Hauseigentümer mit der Gemeinde, den verschiedenen Ämtern, den Trägern der Sozialarbeit, den Planern und den Bewohnern ermöglicht.

Heidrun Mollenkopf u.a., die den siedlungskulturellen Bezug von Wohnen, Mobilität und Zufriedenheit differenziert untersucht hat, weist auf die unterschiedlichen Stadtteilprofile hin, die sich als mehr oder weniger für das Leben im Alter geeignet identifizieren und mit unterschiedlichen Maßnahmen weiterentwickeln lassen. »Insgesamt machen die Ergebnisse der Untersuchung die Wichtigkeit einer koordinierten Stadt- und Vekehrsplanung für ein befriedigendes Leben älterer Menschen in ihrem Wohnumfeld deutlicher.« (Mollenkopf 1997, Seite 85)

Abb. 145-147
UNTERSUCHUNG +
ENTWICKLUNG
Großsiedlung 70er Jahre u.a.
Senioren
(mit Wüstenrot-Stiftung)
Weimar-Nord

Es ist dafür erforderlich, daß sich die Unternehmen im Rahmen ihrer künftig angestrebten Leistungs-, Miet-/Preis- und Kommunikationspolitik darüber klar werden, wie sie mit dem Thema »Wohnen im Alter« umgehen wollen, welchen Stellenwert die älteren Menschen bzw. Maßnahmen für ihre Behausung und Betreuung in Unternehmensphilosophie und Arbeitskonzeption haben sollen (InWIS 1994). Einzelne Unternehmen entwickeln und praktizieren hierfür bereits bemerkenswerteVerfahren.

Abb. 148-150
SENIOREN KONZEPTIONEN
links
Freie Scholle Bielefeld eG

mitte
Glückauf Lünen GmbH

rechts
Vereinigte Hamburger Wohnungsgenossenschaft eG

Die Sozialplanung auf örtlicher Ebene gewinnt, wenn Unternehmen selbst systematisch Konzepte dieser Art entwickeln und umsetzen, eine neue Qualität und verstärktes Gewicht gegenüber anderen Bereichen der Kommunalpolitik. Auch und gerade in den neuen Bundesländern mit erheblichem gesellschaftlichem Werte- und Strukturwandel muß sie eingefordert werden (Deutscher Verein 1993).

Sie muß begründet werden auf der Analyse kleinräumig differenzierter Wirkungsprozesse unter der Fragestellung, welche regionale Typologie unterschiedlicher Proportionen zwischen den Generationen im demografischen Alterungsprozeß zu erwarten ist. Zu klären ist, inwieweit korrespondierende Konstellationen ausgewählter sozio-ökonomischer Rahmenbedingungen für das wohnungspolitische Handeln von Bedeutung sind; nicht nur für Wohnungsneubau und Bestandsanpassung, sondern auch für Wohnumfeld und Quartiersentwicklung einschließlich der Infrastruktur und Netzwerkausstattung. Dies hat Herbert Schubert am Beispiel der Länder Niedersachsen und Mecklenburg-Vorpommern sowie der Stadt München herausgearbeitet. »*Die integrierte Betrachtung der Verschiebung von Generationsproportionen im Rahmen der demografischen Alterung und der sozio-ökonomischen Rahmenbedingungen in der Region zeigt die Entwicklungszusammenhänge auf... Der systemische Ansatz hat insofern die Funktion, zu struktur- und wohnungspolitischen Strategien für typische bevölkerungsstrukuelle und sozio-ökonomische Konstellationen in Regionen hinzuführen.*«(Schubert 1996, Seite 9)

Im kommunalen Raum ist es also wünschenswert und nötig, daß die Gemeinden im Rahmen ihrer Entwicklungsplanungen mittelfristige sozialplanerische Konzepte zur Altenhilfe erarbeiten und umsetzen, in die sich die Aktivitäten der Freien Träger der Sozialarbeit und die Aktivitäten der gemeinnützig orientierten Wohnungsunternehmen 'einhängen' lassen.

ALTENHILFEPLANUNG

Stadt Moers (106.000 Einwohner)
Kommunale Aktivitäten

– Altenplan der Stadt Moers – Älter werden in Moers – 1991
– Interfraktionelle Arbeitsgruppe Altenplan
  • zur Ausgestaltung der Ergebnisse des Altenplanes
  • zur Erörterung der Maßnahmen in Kooperation mit den Trägern
    der Wohlfahrtspflege und anderer Organisationen
  • unter Beteiligung der Moerser Wohnungsunternehmen
– Leitstelle «Älter werden»
– Stadtteil – Seniorenbüro
– Städtische Richtlinien zur Förderung von Altenwohnungen
– Koordination der Anbieter für Betreutes Wohnen

– Seniorenkulturtage der Stadt Moers

Wohnungsbau Stadt Moers GmbH
(27.000 Wohnungen)
Unternehmerische Aktivitäten

– Bau von speziell geförderten, altengerechten Wohnungen;
  seit 1990 alten- und behindertengerechte
  Wohnungen in Erdgeschossen; im Bau Projekt Mehrgenerationenwohnungen
  (40WOE)
– Altenfreundliche Modernisierung des Altbaubestandes
– Konzept zur Verbesserung der Wohnsituation alter Menschen von 1994
  • Alten- und behindertenfreundliche Anpassung des Wohnungsbestandes
  • Beachtung alten-/behindertenfreundlicher Maßnahmen bei allen Neubauten
  • Untersuchung/Organisation gesellschaftsinternen Wohnungstausches
  • Fortführung Überlegungen zum ›Betreuten Wohnen‹
  • Beratung von Mietern und Hauseeigentümern in der Stadt Moers
  • Beratung mit anderen Wohnungsunternehmen zum übergreifenden Wohnungs-
tausch in Wohnbereichen
– Umsetzung und Vorgehensweise
  • Bestellung Seniorenwohnungsbeauftragter der Wohnungsbau Stadt Moers GmbH
  • Bestandsaufnahme Wohnung/Haus/Wohnumfeld zur Situationserfassung
  • Aufzeigen notwendiger / möglicher Maßnahmen
  • Erfassen und Unterstützung von Hilfeleistungen durch
    Hausgemeinschaften und Nachbarn
  • Mobilisierung von Jungsenioren als ›Ansprechpartner‹ bei der
    Organisation von Betreuung
    (Kontakte zu Trägern, 172-jährige Hausbesuche)
  • Öffentlichkeitsarbeit im Interesse der Älteren (Referate in Seniorenkreisen,
    Altentagesstätten, Infostand bei Senioren Kulturtag, Hobbyausstellung Senioren)
  • Moerser Schloßgespräche‹ der Wohnungsbau Stadt Moers zum Thema
    Wohnen, u.a.: Wohnen im Alter
  • Pressearbeit

Abb. 151
SOZIALPLANUNG FÜR
SENIOREN
Ziele - Maßnahmen -
Aktivitäten – Kooperation
Stadt Moers + Wohnungsbau-
gesellschaft der
Stadt Moers mbH

Dies wäre auch hilfreich und notwendig für die vielen Einzelhausbesitzer, bei denen Senioren zur Miete wohnen, und für die alt werdenden Eigenheimer im Hinblick auf die zu erwartende mögliche Entwicklung ihres Wohnquartiers. Dazu ist erhöhter Aufwand und fachliche Qualifikation der vor Ort handelnden Personen nötig.

Ich habe 1996 einen ersten Versuch unternommen, vor dem Hintergrund zahlreicher punktueller Maßnahmen und Konzeptionsansätze zum sozialen Management engagierter Wohnungsunternehmen in Analogie zur kommunalen Sozialplanung das Gerüst für eine unternehmerische Sozialplanung zu skizzieren. Es ließe sich differenzieren in

- ein unternehmerisches Sozialprogramm als ein Element des generellen Unternehmenskonzeptes (Rahmenplan)

und in

- unternehmerische Fachsozialpläne als themenzentrierte Arbeitsgrundlagen je nach Dringlichkeitsbedarf, Leistungskapazität Finanzierungsmöglichkeit

wobei ein solcher für »Wohnen im Alter« sicher an erster Stelle stünde.

»Unternehmerische Sozialplanung könnte man verstehen als Bündelung, Systematisierung und planmäßige Konzeption aller Aktivitäten des Wohnungsunternehmens, die auf die Mieter insgesamt, bzw. auf spezielle Gruppen als 'Soziales Wesen', als Bewohner in Wohnquartieren, als Mitglieder von (mehr oder weniger funktionierenden) Nachbarschaften gerichtet sind und die auf ihre dargestellten speziellen Bedürfnisse und Anforderungen an Wohnen (Wohnung, Gebäude, Wohnumfeld und Dienstleistungen) abheben; mittelfristig angelegt, gesteuert und überwacht, bezogen und beschränkt auf den eigenen Wohnungsbestand.

Die unternehmerische Fachsozialplanung könnte in Analogie zur kommunalen Sozialplanung - hierzu gibt es bereits zahlreiche Ansätze im GdW-Bereich - in drei Ansätze unterteilt werden:

1. U-FSPL, die sich auf die Belange besonderer Gruppen in der Mieterschaft beziehen, die in der Regel Zielgruppe der sozialen Arbeit der öffentlichen und freien Träger der Wohlfahrtspflege sind, z.B.
- *Wohnen im Alter,*
- *Kinder und Familienwohnen,*
- *Wohnen ausländischer Mieter,*
- *Wohnen Alleinerziehender mit Kindern,*
- *Wohnen behinderter Menschen,*
- *Wohnen junger Leute (Azubi, Studenten, WG).*

2. U-FSPL, die sich - gruppenübergreifend - auf bestimmte Bedürfnisse und Aktionsbereiche der Mieterschaft richten, z.B.
- *Freizeit, Spiel und Erholung,*
- *Integriertes kommunikatives Wohnen,*
- *Organisation von Arbeit im Quartier,*
- *Nutzerverträgliche Ökologie Wohnumfeld,*
- *Betreutes/Unterstütztes Wohnen (WG),*

3. U-FSPL, die sich auf bestimmte, oft defizitäre, räumliche Bereiche im eigenen Wohnungsbestand richten, z.B.

- *Weiterentwicklung Großsiedlung,*
- *Sanierung und Nachverdichtung Altbauquartier,*
- *Revitalisierung Schlichtwohnungsgebiet,*
- *Übergangswohnen von Flüchtlingen,*

wobei in Praxis diese Ansätze natürlich häufig zu kombinieren sind unter der Zielsetzung integrierter und integrierender Konzepte.

Die unternehmerischen Fachsozialplanungen sollten sich, wie gesagt, problemorientiert und zielgruppengerichtet, thematisch analog vorfindbarer kommunaler Fachsozialpläne (und unter Auswertung der dort bereits erarbeiteten Erkenntnisse), beschäftigen und gliedern in folgende Inhaltsschwerpunkte:

- *Spezifische unternehmerische Ziele des jeweiligen Fachsozialplanes (für Senioren, für Kinderfamilien, für Gebietsmodernisierung, für Neubaugebietsentwicklung usw.) und Aufgabenstellung,*
- *Sozialstruktur der Mieterschaft/Zielgruppe und ihre Bedürfnisse, Einstellungen, Werte, Verhaltensweisen (Befragungen/Beobachtungen),*
- *Haushaltsgemenge und Wohnungsgemenge im Bestand/Neubau; Analyse und Planung (Generationen-, Einkommens-, Nationalitätenmix usw.),*
- *Standorte, Flächen, Programme von sozialen Einrichtungen der Stadt, der Wohlfahrtsverbände; gewerbliche Angebote u.a. im Gebiet,*
- *Struktur, Standard, Defizite, Entwicklungsqualitäten des betroffenen Wohnungsbestandes und Wohnumfeldes,*
- *Gebäude- und Flächenressourcen für potentielle (kleine) Infrastruktur im Gebiet (für Gemeinschaftsräume, Kinderwohnung, Jugendkeller, Heimarbeit u.a.),*
- *Katalog von zielgruppen-/gebietsspezifischen Maßnahmen (mit Prioritäten, Kompetenzzuweisungen, Kooperation) im Sinne der Aufgabenstellung des Fachsozialplanes (Bau/Dienste),*
- *Mieterbezogene Einrichtungen für Freizeit und Kommunikation (Gebäude/Umfeld), Planung/Betriebsregeln (z.B. Mietercafé, Gästewohnung, Seniorenclub, Wohnwerkstatt),*
- *Installation, Aufgaben, Supervision unternehmenseigener Gemeinwesenarbeit; Beratungs- und Unterstützungsservice (z.B. Schuldnerberatung, Wohnanpassungsberatung, Umzugsmanagement, Senioren-, Jugendarbeit),*
- *Kooperation mit professionellen Anbietern von sozialen und kommerziellen Dienstleistern (Angebote, Konditionen, Abrechnung usw.) wie Wohlfahrtsverbände, Kirchen, VHS, IHK, Arbeitsamt, Verbände,*
- *Partizipation der jeweiligen Zielgruppe/der Bewohner und ihrer Vertreter bei Entwicklung und Umsetzung des speziellen Fachsozialplanes einschließlich Konzept für die Öffentlichkeitsarbeit,*
- *Möglichkeiten der Aktivierung von Selbsthilfe, Eigenarbeit, Nachbarschaftshilfe, Unterstützung (Organisation, Räume, Beratung) in der Mieterschaft,*
- *Vertragsgestaltungen für Kooperation bzw. Dienstleistungen (außerhalb des Mietvertrags) mit Trägern der sozialen Arbeit, Aktiv-Initiativgruppen, wissenschaftlichen Institutionen, einzelnen Nutzern,*
- *Kosten und Finanzierung im investiven/im Betriebsbereich (Fördermittel, Sponsoring, spezielle Finanzierungsmodelle, Pflegeversicherung, Krankenkassen, Stiftungen, Eigenbeiträge WU, Eigenbeiträge Mieter/Nutzer usw.),*
- *Innerbetriebliche Organisation für Feinplanung und Planungsvollzug durch soziales Management (Verantwortung, Koordinierung der Fachabteilungen, Zeitstufen usw.) durch Sozialplaner, Stabsarbeit (beim Vorstand), Projektgruppe, Abteilung Soziale Planung und Beratung u.ä.,*
- *Wirkungs- und Folgenkontrolle der Umsetzungsergebnisse des zielgruppen- oder gebietsorientierten Fachsozialplans oder einzelner Maßnahmen (unternehmerische/ fremde Aktivitäten), Reaktion der Mieterschaft ('Mieterbarometer'), der Öffentlichkeit usw. und Lehren für künftiges Handeln durch eigene/externe Fachkräfte.« (Großhans 1996, Seite 117)*

Ein Beispiel für einen solchen Ansatz gibt soeben die Wohnbau Lörrach GmbH in ihrem Geschäftsbericht 1998 mit folgender Übersicht:

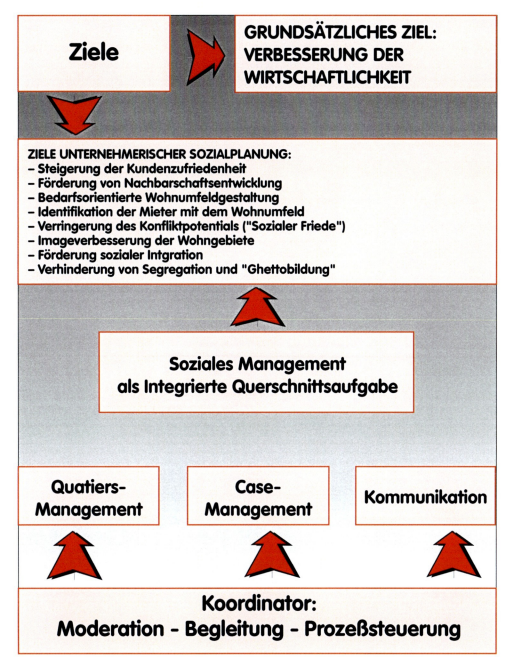

Ziele

GRUNDSÄTZLICHES ZIEL: VERBESSERUNG DER WIRTSCHAFTLICHKEIT

ZIELE UNTERNEHMERISCHER SOZIALPLANUNG:
- **Steigerung der Kundenzufriedenheit**
- **Förderung von Nachbarschaftsentwicklung**
- **Bedarfsorientierte Wohnumfeldgestaltung**
- **Identifikation der Mieter mit dem Wohnumfeld**
- **Verringerung des Konfliktpotentials ("Sozialer Friede")**
- **Imageverbesserung der Wohngebiete**
- **Förderung sozialer Intgration**
- **Verhinderung von Segregation und "Ghettobildung"**

Soziales Management als Integrierte Querschnittsaufgabe

Quatiers-Management

Case-Management

Kommunikation

Koordinator: Moderation - Begleitung - Prozeßsteuerung

Abb. 151a
UNTERNEHMERISCHE SOZIAL-
PLANUNG
Geschäftsbericht Wohnbau
Lörrach GmbH 1998

Hierbei wird der gewollte Charakter der integrierten Querschnittsaufgabe und die Erkenntnis der Notwendigkeit des Quartiermanagements erkennbar, bei dem 'Wohnen im Alter' ein Element eines ganzheitlichen Konzepts darstellt.

»Modellvorhaben und Sondergutachten (…) verdeutlichen, daß für die Realisierung komplexer Quartiersentwicklungskonzepte im Sinne der älteren Menschen ein hohes Maß an Kooperation und Koordination zwischen allen direkt und mittelbar Beteiligten erforderlich ist. Zur Aktivierung der älteren Menschen und zur Förderung des sozialen und nachbarschaftlichen Engagements sowie zur Verankerung sozialer Einrichtungen im Quartier sind erhöhte Ansprüche an Information, Beratung und Bürgerbeteiligung zu erfüllen.« (ExWoSt 1992)

Für die Wohnungsunternehmen heißt das, im Interesse ihrer älteren Mieter offensiv auf die Gemeinde und ihre Fachämter (Stadtplanungsamt, Sozial- und Jugendamt, Amt für Wohnungswesen, Verkehrsbetriebe) und auf die freien Wohlfahrtsverbände als Träger der sozialen Arbeit zuzugehen und die Kooperation bei der altersgerechten Instandsetzung und Modernisierung des Wohnungsbestandes und des Wohnumfeldes wie bei der Weiterentwicklung der Siedlungen anzumahnen. Dies gilt speziell in den neuen Bundesländern, wo die erforderliche, partnerschaftliche Zusammenarbeit erst im Aufbau begriffen ist und noch vielfach optimiert werden könnte. Im Zweifelsfall ist sie mit Unterstützung der Presse, der Mieter, der Stadtteilvereine, selbst in Gang zu setzen.

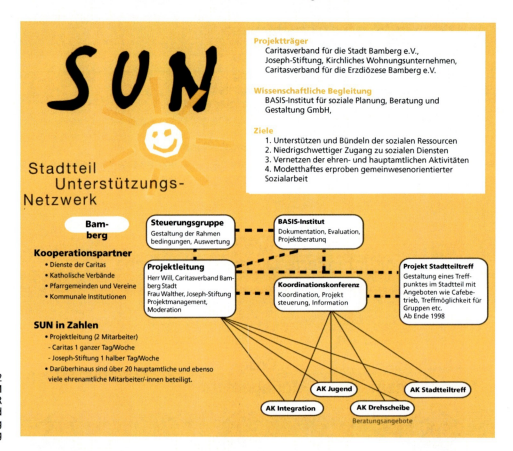

Abb. 152
KOOPERATION IM
WOHNQUARTIER
Bamberg-Süd
Faltblatt Josef-Stiftung
Bamberg

Das ExWoSt Forschungsfeld des BMBau »Ältere Menschen und ihr Wohnquartier« hat vielfältige Aufschlüsse über die Problemstellungen und Lösungsansätze gegeben.

Aufzubereiten und zu entwickeln wären auf dieser Grundlage
- Methoden und Verfahren zur verläßlichen Erkundung von Bedürfnissen und Anforderungen der Senioren in speziellen Wohnquartieren
- Methoden und Verfahren zur Beteiligung der älteren Mieter am Prozeß der Planung und Realisierung von Sanierungs- und Modernisierungsmaßnahmen
- Methoden und Verfahren der Kooperation von Gemeinde, Trägern der Sozialarbeit, Wohnungsunternehmen und Einzelbauherren zur Konzepterstellung und -umsetzung von Altenhilfe-Programmen,

wobei als Einsatzfelder auch und gerade die innerstädtischen Wohnquartiere und die Eigenheimgebiete, die nicht professionell wohnungswirtschaftlich organisiert sind, ins Auge zu fassen sind.

Instandsetzung, Modernisierung und Quartiergestaltung des Wohnungsbestandes, auch in den Großsiedlungen, zielt ab auf den langfristigen Erhalt einer zufriedenstellenden Wohnumwelt für die Mieter und Genossenschaftsmitglieder in möglichst freundlicher Nachbarschaft, und damit auf die langfristige Vermietbarkeit der Wohnungen mit angemessenen Erträgen.

Die Vielfalt wird zur Norm. Die Mobilität im Alter, was die Bereitschaft angeht, kurz vor der Pensionierung oder im Ruhestand die bisherige Wohnung aufzugeben und sich eine den individuellen Wohnbedürfnissen im Alter entsprechende neue Wohnsituation zu schaffen, im gleichen Quartier oder in der Nähe von Kindern oder Freunden anderswo, als selbständige Wohnung mit Service oder im Seniorenstift, wird zunehmen (Kapitel X Krings-Heckemeier). Hierfür werden unterschiedliche Angebote in unterschiedlicher Trägerform und zu unterschiedlichen Preisen in Zukunft verstärkt erwartet und angeboten.

Abb. 153/154
GROSSGRÜN UND
ERHOLUNGSEINRICHTUNGEN
oben
Berlin-Märkisches Viertel ABL
unten
Gera-Lusan NBL

Es gilt aber, beim Neubau von Wohnanlagen wie bei der Rekonstruktion und Modernisierung Wohnungen und Quartiere für ein ganzes Leben zu schaffen, in denen der Mensch, wenn er denn will, friedlich und selbständig bis in hohe Alter leben kann, die den veränderten Ansprüchen und Anforderungen verschiedener Lebensphasen Rechnung tragen; Wohngebäude, Gemeinschaftseinrichtungen, Wohnumfelder, die auf Dauer Raum für tägliches Leben geben.

11 Folgerungen und Empfehlungen

Es lag bereits in der Absicht des von mir erarbeiteten Textes »Wohnumfeld und Quartiersgestaltung« vor dem Hintergrund der an verschiedenen Stellen des 2. Altenberichts »Wohnen im Alter« erörterten gesellschaftlichen und ökonomischen Befunde zum Wohnen und Leben der Älteren im Verbund von Nachbarschaft und Wohnquartier, Folgerungen für politisches und praktisches Handeln zu ziehen und Empfehlungen zur Umsetzung zu geben.

Dies erfolgte, wie man sehen konnte, bewußt in Form der optischen Darstellung beispielhafter, lehrreicher, nachdenkenswerter Ansätze aus der Praxis gemeinnützig orientierter Wohnungsgesellschaften und Wohnungsgenossenschaften unter dem Dach des GdW Bundesverband deutscher Wohnungsunternehmen. Der Umfang der projektgestützen Empfehlungen in Form von Abbildungen gegenüber dem von der Sachverständigenkommission auf der 12. Arbeitssitzung am 24.05.1997 in Hannover gebilligten Text wurde in den verausgegangenen Kapiteln fast verdoppelt, um praxisorientierte Anregungen möglichst facettenreich zu vermitteln für die künftige Arbeit in den Unternehmen. Das Verzeichnis der Unternehmen im Anhang, aus deren Arbeit die Beispiele stammen, mag dazu beitragen, Kontakte zu knüpfen und Erfahrungen auszutauschen.

Es gehörte zum Arbeitsauftrag der Sachverständigenkommission an die Autorinnen und Autoren der einzelnen Fachkapitel, in einem eigenen Papier für ihr jeweiliges Thema Folgerungen und Empfehlungen in knapper Form zusammenfassend darzustellen. Hieraus wurde für den 2. Altenbericht vom Redaktionskomitee das Schlußkapitel »Wohnen im Alter - der aktuelle Handlungsbedarf« formuliert, das in der Beilage B2 beigefügt ist.

Das von mir der Sachverständigenkommission übergebene Papier mit Vorschlägen hierzu lautete wie folgt:

DIE SACHVERSTÄNDIGENKOMMISSION ...

... **geht von dem Grundsatz aus**, das Wohnumfeld und Quartier ganzheitlich zu sehen als Lebensraum aller Menschen und sozialen Gruppierungen, zu denen die Älteren gehören, in seiner Qualität zugleich als räumliches wie als soziales Beziehungsgeflecht für alltägliches Leben.

... **weist darauf hin**, daß lebensbiografisch differenzierte Wohnbedürfnisse und damit Anforderungen an Wohnumfeld und Quartier nicht durch Erreichen 'der Altersgrenze' außer Kraft gesetzt werden, sondern, gegebenenfalls variiert und modifiziert, aufrecht erhalten und befriedigt werden müssen.

... **hält es für erforderlich**, die raumzeitlichen Handlungsspielräume unterschiedlicher Individuen und Gesellungen zu erkunden, um erkennbare Restriktionen des aktionsräumlichen Verhaltens im Alter auszuräumen oder zu vermeiden.

... **empfiehlt eindringlich**, die Chancen für eine selbständige, selbstbestimmende, sozial eingebundene Lebensführung der älteren Generationen auf den unterschiedlichen Ebenen der individuellen Wohnung, der Hausgemeinschaft, des Nahumfeldes und des Wohnquartiers zu prüfen und zu sichern.

... fordert dazu auf, angesichts der generell schlechteren und beengteren Wohnungssituation der ausländischen Haushalte die Wohnumfeldgestaltung und die Wohnumfeldnutzungsmöglichkeiten stärker auf deren spezifische Lebensgewohnheiten und Bedürfnisse, besonders der kinderreichen Familien und der Generationenverbände, abzustellen.

... macht darauf aufmerksam, daß in Wohnquartieren aus unterschiedlicher Entstehungszeit räumlich, sozial, rechtlich und wirtschaftlich unterschiedliche Defizite und Ressourcen für das Leben im Alter vorfindbar sind, die situationsspezifisch erkundet und in Handlungskonzepte mit unterschiedlichen Kooperationsorganisationen eingebracht werden müssen.

... hält es für dringend geboten, hierbei bereits jetzt für die 'jungen' Großsiedlungen der 70er Jahre im Rahmen von Instandsetzungs-, Modernisierungs- und Wohnumfeldmaßnahmen präventiv städtebauliche und sozialplanerische Konzepte für das Wohnen im Alter zu entwickeln und umzusetzen.

...weist auf die Selbstverständlichkeit hin, daß Voraussetzung für Nachbarschaftskontakte, für Aufbau und Erhalt sozialer Netze, für die Mobilisierung gegenseitiger Hilfe von Jung und Alt das tatsächliche Vorhandensein von Menschen unterschiedlicher Altersgruppen und unterschiedlicher Haushaltsformen und -größen im Wohnquartier ist.

... hält es für die zentrale Aufgabe bei der Wohnungsbestandsentwicklung wie beim Wohnungsneubau unter besonderer Berücksichtigung der Lebensbedürfnisse älterer Menschen, einen angemessenen 'Generationen-Mix' herzustellen und zu sichern, der die Chance für ein 'Miteinanderleben' im Quartier eröffnet.

... hält es für sinnvoll und notwendig, in älteren Wohnsiedlungen im Geschoßbau zur Miete, die überwiegend von Älteren bewohnt werden, neben der altersgerechten Modernisierung durch Umbau, Wohnungszusammenlegung, Dachaus- und Aufbau, Zubau von Wohnungen und Kleinhäusern, durch Einrichtung von Großwohnungen für Wohngemeinschaften, Spiel- und Gemeinschaftseinrichtungen jungen Familien mit Kindern die Chance zum Zuzug zu eröffnen.

... hält es für sinnvoll und notwendig, in jüngeren Wohnsiedlungen im Geschoßbau zur Miete, die überwiegend von Jüngeren bewohnt werden, durch Wohnungsteilungen, Ergänzungsbau von Altenwohnungen, Förderung neuer Wohnformen wie integriertes Wohnen, Seniorenwohngemeinschaften, durch altersspezifische Dienstleistungen und Wohnumfeldgestaltung älteren Menschen (vor allem Freunden oder Verwandten der dort lebenden Jüngeren) die Chance zum Zuzug zu eröffnen.

... hält es für sinnvoll und notwendig, in Einfamilienhausgebieten, in denen nur noch Alte wohnen, durch Hausumbau, Ausbau und Anbau, durch Ergänzungsbau in großen Gärten und auf Restgrundstücken, durch Organisation ambulanter sozialer und kommerzieller Versorgung und Verkehrsanbindung ÖPV die Chance zu eröffnen, daß die alten Eigentümer und zuziehende junge Familien miteinander leben können.

89

... **hält es für sinnvoll und notwendig**, voll ausgestattete Seniorenzentren, nach denen nicht nur im oberen Preissegment steigende Nachfrage besteht, mit quartieroffener Tagespflege, Kurzzeitpflege, Krankenwohnung, Therapieeinrichtungen, Sport- und Kulturangebot, Restaurant usw. mitten in den Wohnquartieren einzusiedeln und damit auch den in normalen Wohnungen lebenden Senioren die benötigten kommunikativen und therapeutischen Dienste zu sichern.

... **hält es für sinnvoll und notwendig**, zur Sicherung des Verbleibens älterer Menschen in ihren - bedarfsgerecht angepaßten - Wohnungen, die Bereitstellung notwendiger Pflege-, Gesundheits- und Hilfsdienste in den Altbaubestand durch Umbau von Erdgeschoßwohnungen, von Gewerberäumen, Läden, durch Neubau von Kleinhäusern voranzutreiben.

... **empfiehlt nachdrücklich**, für Menschen, die aus sozialen oder gesundheitlichen Gründen nicht mehr allein in ihrer Wohnung leben wollen, aber (noch) nicht auf stationäre Betreuung angewiesen sind, betreute Wohngemeinschaften in allen Quartierformen in alltägliche Nachbarschaften einzusiedeln.

... **macht darauf aufmerksam**, daß es zur Funktion sozialer Netze, zur Pflege nachbarschaftlicher Kontakte, zur gegenseitigen Hilfe von Jung und Alt neben den professionellen Angeboten in (öffentlichen) Stadtteileinrichtungen kleiner sozialer Infrastruktureinrichtungen, wie Altenstube, Mietercafé, Gymnastikraum, Werkstatt, Planerladen usw. bedarf, die in Kooperation von Stadt, Sozialträger, Wohnungsunternehmen und Mieterinitiativen geschaffen werden müssen.

... **hält es für dringlich geboten**, daß bei der Gestaltung des Wohnumfeldes alle Möglichkeiten, die auf die Erleichterung des Lebens der Älteren im Quartier gerichtet sind, auf die Bequemlichkeit der Nutzung, die Verfügbarkeit und Verläßlichkeit von Einrichtungen, die Sicherheit im Wohnumfeld, geprüft und genutzt werden. Hierbei ist besonderes Augenmerk auf die Barrierefreiheit zu richten.

... **hält es für dringlich geboten**, daß bei der Gestaltung des Wohnumfeldes alle Möglichkeiten, die dem Leben der Älteren, insbesondere der Ältesten und der Einsamen, Bereicherung bringen, die Kontakt- und Anteilnahme, Abwechslung, Naturerlebnis, Aneignung durch Selbsttun unterstützen, geprüft und genutzt werden. Hierbei ist besonderes Augenmerk auf die Eigeninitiative zu richten.

... **ist der Überzeugung**, daß zur Verbesserung des Generationen-Mix als Voraussetzung zum Aufbau von Hilfssystemen im Quartier, zur Wohnungsanpassung, zur sozialverträglichen Wohnungsbelegung, zur baulichen Nachverdichtung, Wohnungstausch- und Umzugsorganisation und zur Organisation sozialer Dienstleistungen ein systematisches, soziales Quartiersmanagement auf der Grundlage kommunaler und unternehmerischer Sozialplanung unabdingbar ist.

... **ist der Überzeugung**, daß Konzepte zur Weiterentwicklung von Wohnquartieren, die an den Bedürfnissen und Anforderungen der Bewohner unter Einschluß der Älteren ausgerichtet sein sollen, unbeschadet von Bürgerbeteiligung und ehrenamtlicher Hilfe des Einsatzes professionellen Sachverstandes und fachlichen Instrumentariums bedürfen.

... ist der Überzeugung, daß Maßnahmen zur altersfreundlichen Wohnumfeld- und Quartiersgestaltung als kombinierte soziale, bauliche, organisatorische und partizipative Aktivitäten in unterschiedlichen Kompetenzbereichen im Interesse der Älteren auf der Grundlage wohngebietsbezogener Rahmensetzung und Sozialplanung verstärkt in Abstimmung und aktiver Kooperation der Akteure und Verantwortlichen vor Ort erfolgen muß.

... hält es für dringend geboten, daß die Gemeinden im Rahmen ihrer Entwicklungsplanungen mittelfristige sozialplanerische Konzepte zur Altenhilfe erarbeiten und umsetzen, in die sich die Programme der Freien Träger der Sozialarbeit und die Konzeptionen der gemeinnützig orientierten Wohnungsunternehmen einbinden lassen. Hierbei sind auch die Eigenheimer zu beachten.

... begrüßt es ausdrücklich, daß Wohnungsgesellschaften und Wohnungsgenossenschaften im Rahmen ihrer unternehmerischen Leistungs-, Preis- und Kommunikationspolitik eigene Konzepte zum Thema »Wohnen im Alter« im Interesse ihrer Mieter und Mitglieder entwickeln, bei denen Wohn- und Betreuungs- bzw. Serviceleistungen kombiniert werden.

... teilt und bestärkt die Auffassung vieler Wohnungsunternehmen, daß durch eine mieternahe Wohnungsverwaltung, die Dezentralisierung und Personalisierung der gebietsorientierten Verwaltungs- und Betreuungsarbeit, die auch optische Präsenz von Service und Reparaturdienst gerade den älteren Bewohnern die Bequemlichkeit und Sicherheit geboten wird, die ihnen ein zufriedenes Leben sichern.

... erkennt und befürwortet, daß vielerorts bei den gemeinnützig orientierten Wohnungsunternehmen durch Einbeziehung gerade der älteren Mieter in die unternehmerischen Aktivitäten, in Form von dauerhaften Mieterbeiräten, von temporären Workshops, von projektbezogenen Aktionsgruppen, der Ausbau sozialer Netze und die Wohnumfeldgestaltung in unterschiedlichen Wohnanlagen bedarfsorientiert wichtige Impulse erhalten hat, insbesondere durch das Zusammenwirken von Jungen und Alten für das eigene Wohnquartier.

... hält es für erforderlich, daß in Stadtquartieren mit vielen Einzelhauseigentümern, in Gründerzeitgebieten und Eigenheimsiedlungen, durch Stützung vorfindbarer Bürgerinitiativen und Vereine durch die Gemeinde verstärkt Prozesse der Bürgerbeteiligung unter Einbeziehung der älteren Menschen zur Organisation von Kommunikation, Beratung und Service und zur Wohnumfeldgestaltung gefördert oder in Gang gesetzt werden.

... rät dringend an, in Hinblick auf die wünschenswerte und notwendige Mobilisierung der Älteren für nachbarschaftsbezogene ehren- und nebenamtliche Tätigkeit je im konkreten Fall vorab zu erkunden, in welcher Größenordnung ein Potential zur Mitwirkung vorliegt und ausgeschöpft werden könnte, um Überforderungen und Enttäuschungen zu vermeiden.

... fordert alle Verantwortlichen auf, zur Entwicklung altersgerechter Wohnquartiere kreative Konzepte gemeinsam zu entwickeln und umzusetzen zur Bereitstellung und Mobilisierung von Finanzmitteln und professioneller Manpower in Kombination aus vielen Töpfen (Bund, Land, Gemeinden, Träger Sozialarbeit, Hauseigentümer, Wirtschaft) unter Aktivierung von ehrenamtlicher Arbeit, Eigeninitiativen und Selbsthilfe.

... weist ausdrücklich hin auf die Notwendigkeit altenbezogener Forschung. Zur Unterstützung der örtlichen Akteure wären aufzubereiten und zu entwikkeln:

- Methoden und Verfahren zur verläßlichen Erkundung von Bedürfnissen und Anforderungen der Senioren in speziellen Wohnquartieren,
- Methoden und Verfahren zur Beteiligung der älteren Mieter am Prozeß der Planung und Realisierung von Sanierungs-, Modernisierungs- und Wohnumfeldgestaltungsmaßnahmen,
- Methoden und Verfahren der Kooperation von Gemeinde, Trägern der Sozialarbeit, Wohnungsunternehmen und Einzelbauherren zur Konzepterstellung und -umsetzung von stadt- und quartiersbezogenen Altenhilfe-Programmen,

wobei als Einsatzfelder auch und gerade die innerstädtischen Wohnquartiere und die Eigenheimgebiete, die nicht professionell wohnungswirtschaftlich organisiert sind, ins Auge zu fassen sind.

... hält eine gezielte öffentliche Förderung im Wohnungs- und Städtebau durch Bund und Länder für unabdingbar. Es bedürfen der Förderung u.a.

- die Modernisierung der überwiegend von Senioren bewohnten Wohnquartiere zur Stabilisierung einer aus der Rente tragbaren Miete, die den Verbleib sichert,
- die altengerechte Nachrüstung von Wohnungen in den Altbauten ebenso wie der seniorenspezifische Ausbau von Außenanlagen und Gemeinschaftseinrichtungen,
- der Neubau von Altenwohnungen unterschiedlicher Charakteristik (und Familienwohnungen) zur Verbesserung des Generationen-Mix in bestehenden Wohnquartieren,
- der Neu- und Umbau von Gemeinschaftseinrichtungen für ältere Menschen und besuchende Angehörige, von Einrichtungen für soziale und pflegerische Dienste, von Werkstätten usw. auch für ehrenamtliche Seniorenarbeit,
- der Neubau und der Umbau von veralteten, nicht mehr bedürfnisgerechten Altenwohn-/Pflegeheimen in zentraler Lage von solchen Wohnquartieren, die vorwiegend von älteren Generationen bewohnt werden, mit quartiersoffenen Kommunikations- und Serviceeinrichtungen,
- die altersgerechte Umrüstung und Organisation der öffentlichen Verkehrsmittel (Linienführung, Haltestellen, Fahrplan, Sicherheit) in und für Altenwohngebiete, zu und von Altenzentren, zu und von Einkaufsstätten, den kulturellen, den freizeitbezogenen und den administrativen Einrichtungen.

Ohne verstärkte öffentliche Förderung werden die genannten Möglichkeiten für das integrierte Wohnen im Alter nicht realisiert werden können, da ohne dieselbe die Miete nach altersgerechter Modernisierung regelmäßig die finanzielle Leistungskraft vieler Rentner übersteigt und zur Verdrängung führt.

12 Bundes-Modellprogramm ›Selbstbestimmtes Wohnen im Alter‹

Zur Abrundung und Weiterführung meiner Überlegungen zu Umfeld und Quartiersgestaltung für das Wohnen im Alter im Generationenverbund einige Hinweise zu laufenden Aktivitäten:

Abb. 155 Faltblatt BMFSFJ

Mit erheblichem finanziellen Aufwand hat das BMFSFJ 1998 ein umfängliches Feldforschungsvorhaben initiiert, an dem in zwölf Bundesländern Koordinierungsstellen für die lokalen Aktivitäten eingerichtet und wissenschaftliche Beratung und Begleitung organisiert wurden.

Was soll erreicht werden? Gerade beim Wohnen ist frühzeitige Planung nötig, wenn Entscheidungen getroffen werden, die auch im Alter Bestand haben. Wichtig dabei ist:
- Kenntnis über Bedarf und Lösungswege bei älteren und jüngeren Menschen, Fachleuten und Entscheidungsträgern
- Übersicht über Rahmenbedingungen und staatliche Regelungen
- Berücksichtigung der Belange älterer Menschen bei Stadtplanung und Wohnbaumaßnahmen
- Partizipation älterer Menschen an der Gestaltung ihrer Umwelt.

Prof. Dr. Clemens Geißler, IES Hannover, Vorsitzender der Sachverständigen-kommission für den 2. Altenbericht der Bundesregierung, richtet folgende Erwartungen an das Modellprogramm:

»Die Idee des Modellprogrammes ›Selbstbestimmt Wohnen im Alter‹ entstand im BMFSFJ während der Arbeit am Zweiten Bericht der Bundesregierung zur Lage der älteren Generation mit dem Schwerpunktthema ›Wohnen im Alter‹. Er wurde von einer Sachverständigenkommission erarbeitet. Zum Hintergrund meiner Erwartungen (siehe nebenstehenden Kasten) an das Modellprogramm gehört die Beachtung einiger Grundanliegen der Kommission:

Individuelle Wohnentscheidungen werden meist im jüngeren und mittleren Lebensalter getroffen. Es ist weit verbreitet, in dieser Phase vor allem an die augenblickliche Lebenssituation zu denken und den Wohnanforderungen des Älterwerdens nicht die lebensnotwendige Aufmerksamkeit zu schenken. Ziel müßte sein, das Bewußtsein für das eigenverantwortliche Schaffen altersgerechter Wohnqualität zu stärken, damit jene Entscheidungen, die im früheren Lebensalter gefällt werden, treffsicher sind.

Die strukturellen Entscheidungen, die im Wohnungsbau und in der Wohnungswirtschaft tagtäglich getroffen werden, bestimmen darüber, ob immer mehr ältere Frauen und Männer über altersgerechte Wohnungen verfügen können. Ziel müßte sein, daß die Akteure ihr Handeln grundsätzlich auch an den Kriterien der Altersverträglichkeit ausrichten, um auch im eigenen Interesse den Wert der Wohnbausubstanz zu erhalten.

Im Wohnungswesen ist bisher die männliche Welt tonangebend, außerdem ist die Konzentration auf die dingliche Dimension üblich. Ziel müßte sein, auch die Lebensperspektive und die Kompetenzen der weiblichen Welt maßgeblich einzubeziehen und die Nutzungsdimension neben der dinglichen stärker zu betonen.

In der Stadt- und Regionalentwicklung wird das Wohnen der älteren Generation bisher nicht als allgemeine Aufgabe nachhaltiger Entwicklung und sozialer Strukturpolitik gesehen und thematisiert. Ziel müßte sein, das Wohnen der Generationen als unverzichtbaren Handlungsansatz in der Infrastruktur- und Wohnungspolitik zu konkretisieren.

Die Sachverständigenkommssion hofft, daß das Modellprogramm dazu beiträgt, daß die privaten, unternehmerischen und politischen Entscheidungen zum Wohnen im Alter immer mehr sachgerecht und rechtzeitig zustande kommen und daß gelungenes Handeln und gute Erfahrungen bekannt gemacht werden.« (Newsletter 2/99)

Forschungsschwerpunkte:
1. Weiterentwicklung der Wohn- und Dienstleistungsangebote
1.1 Bedürfnisgerechtigkeit
1.2 Technische, rechtliche und finanzielle Grundlagen des alternsgerechten Bauens
   - Barrierefreies Bauen
   - Neue/angepaßte Technologien in Haus und Haushalt
   - Förderprogramme, Förderrichtlinien und baurechtliche Festlegungen
   - Kostengünstige bauliche Lösungen
1.3 Wohnraumanpassung
1.4 Neubaumaßnahmen
1.5 Weiterentwicklung traditioneller Wohnformen und neue Wohnformen für ältere Menschen

- traditionelle Wohnformen (Altenwohnungen, Wohnstifte)
- Gemeinschaftliches Wohnen
- Betreutes Wohnen, Service-Wohnen
- Betreute Wohngruppen

1.6 Wohnbegleitende Dienstleistungen, Selbsthilfe und soziale Integration
1.7 Weiterentwicklung unterschiedlicher Quartierstypen
- Sanierungs- und Modernisierungsgebiete
- Plattenbaugebiete
- Neubaugebiete
- Einfamilienhausgebiete
- Ländliche Siedlungen

1.8 Unterstützungsangebote zur Auswahl geeigneter Wohnungen und Dienstleistungen
1.9 Aufbau und Finazierung von Wohnberatungsstellen
1.10 Kommunale Wohnpolitik für ältere Menschen
2. Verbreitung des vorhandenen Wissens sowie Aktivierung und Vernetzung der lokalen/regionalen Akteure
2.1 Allgemeine Öffentlichkeitsarbeit
2.2 Zielgruppenspezifische Information, Beratung und Schulung
2.3 Partizipation
2.4 Aktivierung und Vernetzung der lokalen/regionalen Akteure
2.5 Aufbau einer langfristig beständigen Infrastruktur zur Weiterentwicklung des Wohn- und Dienstleistungsangebotes für ältere Menschen und zum lokalen/regionalen Wissenstransfer.

Chancen des Modellprogramms aus der Perspektive des Zweiten Altenberichts

- Entwicklung und Erprobung differenzierter Wohnkonzepte für unterschiedliche Bedürfnis- und Lebenslagen sowie Wohnbedingungen im Alter.
- Überprüfung unterschiedliche Wohnformen im Alter innerhalb und außerhalb des verwandtschaftlichen Netzes im Hinblick auf ihre Eignung, eine selbständige Lebensführung in der gewohnten Umgebung zu unterstützen.
- Beratung über die vielfältigen Möglichkeiten des selbständigen Wohnens im Alter und die bestehenden Hilfs- und Unterstützungsmöglichkeiten.
- Entwicklung von Konzepten für ›älter werdende‹ Wohngebiete, damit das langlebig Gebaute Nutzungsvielfalt ermöglicht.
- Überprüfung, ob und inwieweit rechtliche Rahmenbedingungen und Förderprogramme verbessert werden können, um Anreize zum Bau von altengerechten Wohnungen und zur barrierefreien Umgestaltung von Wohnungen und Wohnumfeld zu geben und um den Einsatz moderner und umweltgerechter Technologien zu verstärken.
- Überprüfung der Wohnalternativen im Hinblick auf ihre Kosten bzw. ihre Bezahlbarkeit.
- Einsatz von Verfahren der generationen- und familienbezogenen Prüfung der Sozialverträglichkeit von Wohnkonzepten und Wohnprojekten.
- Förderung der Partizipation älterer Menschen bei der Gestaltung des Wohnens.
- Aufbereitung der Erkenntnisse für Zwecke der Aus- und Weiterbildung.

(Bundesministerium für Familie, Senioren, Frauen und Jugend)

Ziele des Modellprogramms:

1. Weiterentwicklung der Wohnmodelle und wohnungsbezogenen Infrastrukturen für selbständiges, selbstbestimmtes und sozial integriertes Leben im Alter, die den vorhandenen und zukünftig zu erwartenden Lebensstilen und Lebensbedingungen im Alter gerecht werden und die vorausschauende Planung für das Alter mit einbeziehen.
2. Verbreitung des vorhandenen Wissens sowie Aktivierung und Vernetzung der lokalen/regionalen Akteure

Abb. 155
Faltblatt BMFSFJ 1998

Zum Konzept des Modellprogramms ›Selbstbestimmt Wohnen im Alter‹ gehört eine intensive Vernetzung auch auf bundesweiter Ebene; hierzu wurde ein ständiges Diskussionsforum gebildet, das sich in Abständen trifft, um

- die Interessen der Teilnehmer beim Thema Wohnen zu formulieren und in das Modellvorhaben einzubringen
- gegenseitigen Austausch und Sensibilisierung für unterschiedliche Herangehensweisen zu ermöglichen
- die Erkenntnisse des Modellprogamms zu verbreiten (wie ich dies hier als Mitglied versuche)
- Kooperationen und Synergien zwischen den Teilnehmern und ihren Institutionen zu fördern, zwischen Verwaltung und politischen Entscheidungsträgern, Finanzierungsträgern, Bauplanung und Ausführung, Anbietern von Wohnraum, Nutzerverbänden, Trägern der sozialen Arbeit usw.

Hierzu betont Frau Dr. Gertrud Zimmermann, Referatsleiterin im BMFSFJ in ihren grundsätzlichen Überlegungen zum Treffen des Diskussionsforums am 7.10.1999, daß gerade im Bereich Wohnen eine Vernetzung der verschiedenen Akteure notwendig sei:

»Es müssen die unterschiedlichen Sichtweisen gebündelt werden, damit eine menschen- und altersgerechte Bereitstellung von Wohnung und Wohnumfeld gelingt. Das Diskussionsforum ist der Versuch, eine solche Vernetzung herzustellen. Ich hoffe, daß durch ein Zusammenbringen unterschiedlicher Gesichtspunkte neue Ideen und Synergien entstehen, die wir diskutieren und ggf. auf den Weg bringen wollen.
Beispielsweise könnte diskutiert werden, ob es nicht notwendig wäre, einen Wohn-Sozialplaner einzusetzen. Ebenso wie es Landschaftsplaner gibt, die bei Großprojekten die Auswirkungen auf das Gleichgewicht der Natur abschätzen und Ausgleichsmaßnahmen vorsehen, so könnte man sich Wohn-Sozialplaner vorstellen, die sich mit den Auswirkungen auf das gesellschaftliche Gefüge, das Zusammenleben der Menschen und ihre Möglichkeiten zur gesellschaftlichen Teilhabe und generationsübergreifendem Zusammenleben beschäftigen. Bei unserer Aktion 'Eine Stadt für alle Lebensalter' im Kontext des internationalen Jahres der Senioren haben wir durchaus Ansatzpunkte hierfür finden können.«

Beispiele hierfür aus dem Bereich der gemeinnützig organisierten Wohnungsunternehmer unter dem Dach des GDW habe ich weiter vorn skizziert und auf o.a. Sitzung dem Diskussionsforum vorstellen können, dem ich angehöre.

Ein wichtiges Teilgebiet des Modellprogramms ›Selbstbestimmt Wohnen im Alter‹ ist der Aufbau und die Bereitstellung der

KDA-Datenbank ›Wohnen im Alter‹

durch das Kuratorium Deutsche Altershilfe.

»Ein wesentliches Ziel des Modellprogramms ‹Selbstbestimmt Wohnen im Alter‹ ist der Wissenstransfer. Die Sammlung, spezifische Aufbereitung und Verbreitung von Informationen zum ›Wohnen im Alter‹ ist daher ein wesentlicher Arbeitsgegenstand im Rahmen des Modellprogramms. Neben den Koordinierungsstellen, die zu spezifischen Themen und zur regionalen Wohnsituation Datensammlungen erstellen, baut das Kuratorium Deutsche Altershilfe eine Daten- und Informationsbank auf, die alle aktuellen Fachinformationen rund um das Thema ›Wohnen im Alter‹ vorhalten soll.

Von der Struktur umfaßt die Datenbank eine Sachgebiets- und eine regionale Gliederung:

Abb 156a
STRUKTURRASTER DER KDA-DATENBANK

Für die einzelnen Sachgebiete sind jeweils Informationen aus folgenden vier Bereichen aufbereitet:

Verfügbare Inhalte der KDA-Datenbank

☛ **Rechtliche Rahmenbedingungen und Finanzierung**
- rechtliche Vorschriften
- Gesetze
- Verordnungen
- Gerichtsurteile
- Förderprogramme
- Musterverträge

☛ **Information und Beratung**
- Adressen von Beratungsinstitutionen und Initiativgruppen
- Arbeitskreise
- Veranstaltungen
- Ausstellungen
- Fortbildungsmöglichkeiten

☛ **Projekt/Produktbeispiele**
- Adressen von Projekten
- Projekt-/Produktbeschreibungen

☛ **Literatur**
- Grundlagenliteratur
- Erfahrungsberichte
- Forschungsberichte
- Presseberichte
- Broschüren

Abb 156b
VERFÜGBARE INHALTE DER
KDA-DATENBANK

Die Informationen der Datenbank werden neben den Koordinierungsstellen einer breiten Fachöffentlichkeit und bei Bedarf auch interessierten Senioren zugänglich gemacht. Laufende Kurzinformationen zu einzelnen Sachgebieten sind schon jetzt per Anfrage im KDA möglich. Differenzierte Informationsrecherchen können ab Herbst 1999 durchgeführt werden. Im Laufe des Modellprogramms ist geplant, einen Teil der Informationen aus der Datenbank über das Internet zu verbreiten. Daneben wird das KDA regelmäßig über wichtige Informationen aus der Datenbank im Rahmen von Projektberichten, mit Informationsrundbriefen und im Newsletter berichten.« (KDA Newsletter 3/1999)

Die zwölf Koordinierungsstellen des Bundes-Modellprogramms ›Selbstbestimmt Wohnen im Alter‹, die im Rahmen eines Auswahlverfahrens mit je bestimmten Arbeitsschwerpunkten gebildet wurden, haben, unterstützt durch die wissenschaftliche Gesamtbegleitung und die Schwerpunktberatungen, in 1998 ihre Arbeit aufgenommen. Hierüber wird in einem eigenen Newsletter die Fachwelt in Abständen unterrichtet. Nachdem sich ihre Arbeitsstrukturen gefestigt haben, konnte in einem Zwischenbericht
• **Arbeitsfelder der Koordinierungsstellen**
durch die wissenschaftliche Begleitung IES Institut für Entwicklungsplanung und Strukturforschung und BSFB Büro für sozialräumliche Forschung und Beratung, Hannover, in 2000 ein erster Überblick gegeben werden. Die einzelnen Koordinierungsstellen bearbeiten bis zu vier Schwerpunktthemen, die sich in der konkreten Arbeit wieder in einzelne Teilprojekte aufgliedern. Die Vielfalt der Projekte wird in knapper Form strukturiert dargestellt und es werden durch die wissenschaftliche Begleitung die bisher erzielten Teilergebnisse in den Gesamtzusammenhang des Modellprogramms zurückgelenkt.

Prof. Dr. Andreas Kruse, Direktor des Institutes für Gerontologie der Universität Heidelberg, Mitglied der Sachverständigenkommission für den 2. Altenbericht der Bundesregierung, reflektiert den derzeitigen Arbeitsstand im Hinblick auf das thematische Spektrum der Beiträge und im Hinblick auf die Kooperation zwischen verschiedenen Disziplinen aus Sicht der Gerontologie vor dem Hintergrund der grundlegenden Aussagen des 2. Altenberichtes 1998. Er stellt fest, daß *»die Aufrechterhaltung der Selbständigkeit in der vertrauten Umwelt durch Wohnungsanpassungsmaßnahmen sowie durch die Nutzung (technischer) Hilfsmittel ... ein übergeordnetes Ziel zahlreicher Projekte (bildet) – dabei wird besonderes Gewicht auf eine optimale Wohnberatung gelegt, die dazu dienen soll, ältere Menschen in die Lage zu versetzen, ihre räumliche Umwelt verantwortlich mitzugestalten – ein Aspekt, der in der ökologischen Gerontologie als Merkmal der Kompetenz (und zwar im Sinne von ›Umweltkompetenz‹) beschrieben wird.«* Ich habe hierauf weiter vorn hingewiesen. *»Selbständigkeit wird also .. auch aus der Perspektive der Selbstverantwortung, d.h. einer möglichst weiten Selbstbestimmung des älteren Menschen bei der Auswahl der Umwelt, in der er leben möchte, sowie bei der Gestaltung seiner Umwelt (betrachtet).«* Andreas Kruse weist darauf hin, daß *»zahlreiche Projekte ... die engen Verbindungen zwischen ›räumlicher‹ und ›sozialer‹ Umwelt (betonen) – die Gestaltung der räumlichen Umwelt wird dabei unter dem Gesichtspunkt der Aufrechterhaltung von bestehenden sozialen Beziehungen oder der Gründung neuer sozialer Beziehungen betrachtet. Es wird gefragt, in wieweit durch Wohnungsanpassung – vor allem durch barrierefreie Wohnraumgestaltung – die Mobilität im Alltag gefördert und damit zur Erreichbarkeit der Nachbarschaft beigetragen wird.«* (S. 73)

Zum Abschluß:
In der Dokumentation Modellprogramm »Selbstbestimmt Wohnen im Alter« sind inzwischen erschienen:

- **Leitlinien – Akteure – Vernetzung**
  Workshop Erfurt 1998; Renate Nauten BSFB + Antje Sachse IES Hannover
- **Mitgestalten – Mitverantworten – Selbstverwalten**
  Partizipation Älterer an der Gestaltung ihrer Wohn- und Lebensräume
  Fachtagung Tutzing 1999; Institut für sozialpolitische und gerontologische Studien, Berlin
- **Neue Wohnmodelle für das Alter**
  Experten-Workshop Bonn 1997; Renate Nauten BSFB Hannover, Holger Stolarz, KDA Köln
- **Wohnungen für betreute Wohngruppen alter Menschen**
  Nutzungsanalysen und Planungshinweise
  Renate Nauten, Annette Fuhrig, Büro für sozialräumliche Forschung und Beratung, Hannover, Berlin 2000
- **Wohnungsanpassung und Wohnberatung**
  Workshop Kassel 1999, Bundesarbeitsgemeinschaft Wohnanpassung e.V.

Herausgeber ist das Bundesministerium für Familie, Senioren, Frauen und Jugend in Berlin.

Eine Reihe der von mir im Hinblick auf Wohnumfeld und Quartiersgestaltung angesprochenen Aspekte – Generationen-Mix, Kooperation, Partizipation, soziales Management usw. sind hier vertieft aktuell angesprochen.

Das Bundes-Modellprogramm »Selbstbestimmt Wohnen im Alter« des Bundesministeriums für Familie, Senioren, Frauen und Jugend ist für den Zeitraum

1998 –2001 konzipiert. Wenn einmal alle Ergebnisse – zugriffsbereit auch über die neuen Medien – vorliegen werden, steht in Verbindung mit dem zweiten Bericht der Bundesregierung zur Lage der älteren Generation in der Bundesrepublik Deutschland – Wohnen im Alter – 1998 ein umfangreiches, theoretisch wie praktisch orientiertes Kompendium zur Verfügung, das vor allem die lokalen Akteure in Stand setzen sollte, auch Umfeld und Quartiersgestaltung für das Leben im Alter im Generationenverbund angemessen zu gestalten.

Abb. 157
WOHNUMFELD UND QUAR-
TIERSGESTALTUNG
für das Wohnen im Alter im
Generationenverbund.
Die Herausforderung für eine
älter werdende Gesellschaft
(Berliner Norden – 1996

Anhang

A1: Abbildungsverzeichnis

A2: Literaturhinweise

A3: Unternehmensverzeichnis

Wohnen im Alter...

Anschrift des Verfassers:

Prof.Dr. Hartmut Großhans
SRL • BDA • DASL
Iltisstraße 20
50825 Köln
Tel. + Fax 0221/5594822

A1: Abbildungsverzeichnis

5 Generationen-Mix: Voraussetzung für nachbarschaftliche und soziale Kontakte

6 Wohnumfeldeinrichtungen zur Erleichterung des Lebens

7 Wohnumfeldeinrichtungen zur Bereicherung des Lebens

8 Gemeinschafteinrichtungen zur Nachbarschaftspflege

9 Organisation von Kommunikation, Beratung und Service

10 Sozialplanung und soziales Management im Quartier

12 Bundes-Modellprogramm
»Selbstbestimmtes Wohnen im Alter«

Für folgende Abbildungen wurden Fotos dankenswerterweise von den Wohnungsunternehmen zur Verfügung gestellt:
Nr.3/45/51-54/55-57/77-78/81-82/92/98-99/128/129/130/135/141/144
alle anderen Fotos: Hartmut Großhans, Köln

A2: Literaturhinweise

(ARGE Kirchhoff 1992)
Ausführlicher bei:
ARGE Kirchhoff/Jacobs(Mezler, Hamburg:
Altengerechte Wohnungen in Großsiedlungen. Kostengünstige Lösungen für die Anpassung von Großsiedlungen der 60er und 70er Jahre an die Wohnungsbedürfnisse älterer Menschen.
Forschungsarbeit im Auftrag des BMBau, Hamburg 1992 (als Manuskript gedruckt; erhältlich bei IRB, Stuttgart).

(BfLR 1991)
Hierzu u.a. Bura, Josef; Kayser, Barbara; Wohnbund Frankfurt:
Miteinander Wohnen - Wohnprojekte für Jung und Alt. Dokumentation eines Sondergutachtens zum Forschungsfeld »Ältere Menschen und ihr Wohnquartier« im Rahmen des experimentellen Wohnungs- und Städtebaus des BMBau. BfLR Bonn 1991.

(BfLR 1992)
Bundesforschungsanstalt für Landeskunde und Raumordnung (Hg): Quartierbezogene Freizeitbedürfnisse älterer Menschen.
Sondergutachten zu einem Forschungsfeld des Experimentellen Wohnungs- und Städtebaus »Ältere Menschen und ihr Wohnquartier«. Materialien zur Raumentwicklung Heft 46 Bonn 1992.

(BMBau 1988)
Bundesministerium für Raumordnung, Bauwesen und Städtebau (Hg):
Städtebaulicher Bericht Neubausiedlungen der 60er und 70er Jahre. Probleme und Lösungswege. Bonn 1988

(BMBau 1990)
Vergleiche hierzu: Querschnittsuntersuchung: Städtebauliche Lösungen für die Nachbesserung von Großsiedlungen der 50er bis 70er Jahre.
Teil A: Städtebauliche und bauliche Probleme und Maßnahmen. Hermann, Heidemarie u.a. GEWOS Hamburg.
Teil B: wohnungswirtschaftliche und soziale Probleme und Maßnahmen. ARGE Kirchhoff/Jacobs/Mezler, Hamburg.
Im Auftrag Bundesministerium für Raumordnung, Bauwesen und Städtebau. Schriftenreihe BMBau Bonn 1990.

(BMBau 1991)
Rietdorf, Werner u.a. Institut für Städtebau und Architektur, Berlin-Ost: Vitalisierung von Großsiedlungen, Expertise, Informationsgrundlagen zum Forschungsthema städtebauliche Entwicklung von Neubausiedlungen in den fünf neuen Bundesländern. Hg: Bundesminister für Raumordnung, Bauwesen und Städtebau, Bonn 1991.

(BMBau 1994)
Bundesminister für Raumordnung, Bauwesen und Städtebau (Hg): Großsiedlungsbericht der Bundesregierung. Bundesrat-Drucksache 867/94, Bonn 1994.

(BMBau 1995)
Bundesminister für Raumordnung, Bauwesen und Städtebau (Hg): Wohnen im Alter - Zu Hause im Wohnquartier.
Forschungsvorhaben des Experimentellen Wohnungs- und Städtebaus. Bonn 1995

(BMJFFG 1986)
Bundesminister für Jugend, Familie, Frauen und Gesundheit (Hg): Vierter Familienbericht - Die Situation der älteren Menschen in der Familie. Stellungnahme der Bundesregierung/Bericht der Sachverständigenkommission. Bundestags-Drucksache 10/6145 vom 13.10.1986.

(Deutscher Bundestag 1985)
Deutscher Bundestag (Hg): Antwort der Bundesregierung auf die Große Anfrage ... (zur) Lebenssituation und Zukunftsperspektiven älterer Menschen. Bundestags-Drucksache 10/2784 vom 31.1.1985.

(Deutscher Bundestag 1991)
Deutscher Bundestag 12. Wahlperiode: Beschlußempfehlung und Bericht des Ausschusses für Raumordnung, Bauwesen und Städtebau (19. Ausschuß): Wohnen im Alter - Förderung der Selbständigkeit in der Gemeinschaft. Drucksache 12/1763 vom 06.12.1991

(Borchers 1997)
Borchers, Andreas: Soziale Netzwerke älterer Menschen in ihren Wohnquartieren. Experise für die Sachverständigenkommission für den 2. Altenbericht der Bundesregierung. Hannover 1997

(Deutscher Verein 1993)
Großhans, Hartmut; Feldmann, Ursula: Arbeitsmappe örtliche Sozialplanung, Leitfaden für die neuen Bundesländer. Hg: Deutscher Verein für öffentliche und private Fürsorge. Texte und Materialien 7, Frankfurt 1993.

(ExWoSt 1992)
hierzu: Räumliche Integration quartiersbezogener Dienstleistungen. in: EX-WOST - Information Forschungsfeld: »Ältere Menschen und ihr Wohnquartier«. Nr. 8, 3/92. (26 Einrichtungen wurden in dieses Sondergutachten einbezogen).

(GdW 1994)
GdW Gesamtverband der Wohnungswirtschaft (Hg): Modernisierung und Entwicklung des Wohnungsbestandes - Ziele, Verfahren, Standards, Technik, Kosten, Akzeptanz. GdW Schriften 43, Köln 1994.

(GdW 1997)
GdW Bundesverband deutscher Wohnungsunternehmen (Hg):
Daten und Fakten 1997/98 der unternehmerischen Wohnungswirtschaft in den neuen Bundesländern; GdW Informationen 72, Köln 1998
ausführlich: Großhans, Hartmut: Entwicklung älterer Wohnsiedlungen an die Nachfrage der 90er Jahre, insbesondere unter Berücksichtigung der Lebensbedürfnisse älterer Menschen. in: Nachrichtendienst des Deutschen Vereins für öffentliche und private Fürsorge, Frankfurt/Main, 6/86, Seite 179-182.

(Großhans 1987)
Großhans, Hartmut: Wohnen im Alter. Hg: Gesamtverband gemeinnütziger Wohnungsunternehmen. GdW; GdW-Materialien 19; Köln 1987

(Großhans 1988)
Großhans, Hartmut: Struktur und Gestaltung des Wohnumfeldes für das Wohnen im Alter. in: Hg: Ingeborg Flagge; Carl Steckeweh: Wohnen im Alter. Dokumentation des 1. Deutschen Fachkongresses vom 9.-11.5.19988 in Friedrichshafen. Bonn 1988, Seite 64-76.

(Großhans 1996)
Großhans, Hartmut: Unternehmerische Sozialplanung im Rahmen des sozialen Managements von Wohnungsunternehmen; in: NDV Heft 4/96, Köln 1996, Seite 115-122.

(Großhans 1997)
Großhans, Hartmut: Humanisierung der Großen Siedlungen. Herausforderungen, Ansätze und Leistungsbeiträge der gemeinnützig orientierten unternehmerischen Wohnungswirtschaft in den neuen Bundesländern. GdW Informationen 50, Köln 1997.

(Howe 1992)
Howe, Jürgen: Wohnformen alter Menschen im Jahre 2000. in: Hg. Universität Osnabrück und Verband der Wohnungswirtschaft in Niedersachsen und Bremen e.V. Wohnen im Alter, Hannover 1192, Seite 6-11. Hierin auch zahlreiche Fallbeispiele unserer Unternehmen aus Bremen, Wolfenbüttel, Salzgitter, Meppen, Stade.

(InWIS 1995)
Eichener, Volker; Berendt, Ulrike: Einstellung der Mieter zur Privatisierung. Ergebnisse einer Intensivbefragung in den neuen Bundesländern. InWIS-Bericht 2/95

(InWIS 1995)
InWIS Institut für Wohnungswesen, Immobilienwirtschaft, Stadt- und Regionalentwicklung: Wohnungsmanagement 2000. Neue Anforderungen an Management und Führungsqualifikationen angesichts neuer Geschäftsfelder und Dienstleistungen in der Wohnungswirtschaft. Hg: GdW Gesamtverband der Wohnungswirtschaft. GdW Schrift 45, Köln 1995.

(InWIS 1997)
InWIS Institut für Wohnungswesen, Immobilienwirtschaft, Stadt- und Regionalentwicklung: Dokumentation »Wohnen im Alter«. Bemerkenswerte Handlungsansätze und realisierte Projekte in Deutschland. Expertise für die Sachverständigenkommission für den 2. Altenbericht der Bundesregierung. Bochum 1997

(Kliemke 1991)
Kliemke, Christa: Hilfe für ältere Menschen - Aspekte der Stadtplanung in Deutschland Ost und West.
Vortrag beim 3. Deutschen Fachkongreß »Wohnen im Alter« am 27.-29.5.1991 in Ulm.

(Kreibich; Ruhl 1987)
Kreibich, V. und B.; Ruhl, G.: Aktionsraum - Forschung in der Landes- und Regionalplanung. Entwicklung eines Raum-Zeit-Modells. Hg: Minister für Umwelt, Raumordnung und Landwirtschaft NW. Schriftenreihe Landesentwicklung, Bd. 1.041, Dortmund 1987.

(Kruse 1996a)
Kruse, Andreas: Alter - Gesellschaft - Wohnen
in: Zweiter Bericht zur Lage der älteren Generation in der Bundesrepublik Deutschland: Wohnen im Alter. Kapitel II 25.09.1997

(Kruse 1996b)
Kruse, Andreas: wie vor

(Küster 1997)
Küster, Christine: Zeitverwendung und Wohnen im Alter.
Expertise für die Sachverständigenkommission für den 2. Altenbericht der Bundesregierung. o.O. 1997.

(Mollenkopf, 1997)
Mollenkopf, Heidrun u.a. Wohnen und Mobiltität Älterer
Expertise für die Sachverständigenkommission für den 2. Altenbericht der Bundesregierung. o.O. 1997.

(Pfitzmann; Schmidt 1987)
Pfitzmann, Th.: Schmidt, H.H.: Freizeit und Freizeitaktivitäten im Alter. Ein sozial-empirischer Beitrag zur Lebenssituation älterer Menschen in Hamburg. Hg: Behörde für Arbeit, Jugend und Soziales der Freien und Hansestadt Hamburg. Bericht und Dokumente, Nr. 841, Hamburg 1987.

(Schubert 1996)
Schubert, Herbert: Regionale Unterschiede von Alterungsprozessen und strukurellen Rahmenbedingungen. Zum systemischen Zusammenhang von Altersstrukturenentwicklung, Wohnungsbedarf und regionalen Handlungsmöglichkeiten. Expertise für die Sachverständigenkommission für den 2. Altenbericht der Bundesregierung. Hannover 1996.

(Schweitzer 1996)
Schweitzer, Rosemarie von: Lebenslagen der Generationen in den alten und neuen Bundesländern - zur Verschiedenheit der Wohnbedürfnisse.
Expertise für die Sachverständigenkommission für den 2. Altenbericht der Bundesregierung. Gießen 1996

(Sen / Schneiderheinze 1997)
Sen, Faruk; Schneiderheinze, Klaus: Regionale Unterschiede der Wohnverhältnisse älterer Migranten in Deutschland.
Expertise für die Sachverständigenkommission für der 2. Altenbericht der Bundesregierung. Essen 1997

(Sozialplan Dresden 1995)
Landeshauptstadt Dresden Sozialamt (Hg.) Lebenslage Dresdner Bürger ab 50 Jahren. Ausgewählte Ergebnisse einer repräsentativen Umfrage im Herbst 1994. Beiträge zur Sozialplanung 012. Dresden 1995

(Stollarz 19..)
Stollarz, Holger u.a.: Wohnungsanpassung – Maßnahmen zur Erhaltung der Selbständigkeit älterer Menschen. Grundlagen und praktische Hinweise zur Verbesserung der Wohnsituation; Hg. Kuratorium Deutsche Altershilfe. Reihe forum Heft 5; Köln 1986

(Thränhardt 1994)
Thränhardt, Dietrich u.a. Institut für Politikwissenschaft UNI Münster: Ausländerinnen und Ausländer in Nordrhein-Westfalen i.A./Hg. Ministerium für Arbeit, Gesundheit und Soziales des Landes Nordrhein-Westfalen. Landessozialbericht Bd. 6 Düsseldorf 1994

(Warnke 1993)
Warnke, Jürgen: Bislang unausgeschöpfte Potentiale. (EMNID Untersuchung i.A. Bundesministerium für Arbeit und Sozialordnung 1992). in: Bundesarbeitsblatt Heft 4/93, Seite 8f.

(Weeber 1997)
Weeber, Rotraud; Hörmle, Gabriele: Barrierefreies Wohnen für ältere Menschen insbesondere mit Blick auf Wohngemeinschaften. Expertise für die Sachverständigenkommission für den 2. Altenbericht der Bundesregierung. Stuttgart 1997.

(Wetzels 1995)
Wetzels, Peter u.a.: Kriminalität im Leben alter Menschen. Eine altersvergleichende Untersuchung von Opfererfahrungen, persönlichem Sicherheitsgefühl und Kriminalitätsfurcht. Ergebnisse der KFN-Opferbefragung 1992. Hg. BMFSFJ. Schriftenreihe Bd. 105. Stuttgart Berlin Köln 1995.

(Wischer; Kliemke 1987)
Wischer, R.; Kliemke, Ch.: Institut für Krankenhausbau Technische Universität Berlin: Zur Situation der alten Menschen in ihrem räumlichen Umfeld. Expertise am Auftrag des Bundesministerium für Raumordnung, Bauwesen und Städtebau zur Vorbereitung des Symposiums am 18./19.1.1988, Berlin 1987 (als Manuskript gedruckt).

(WZB 1989)
Arbeitsgruppe Sozialberichterstattung: Wandel von Lebensformen. Entsolidarisierung durch Individualisierung? in: WZB-Mitteilungen Nr. 44, 6/89, Seite 15-19.

(Lörrach 1998)
Wohnbau Lörrach GmbH: Geschäftsbericht 1998

A3: Verzeichnis der Unternehmen, die mit Projekten/ Aktionen in den Abbildungen vertreten sind

- Wohnungsbau und Siedlungswerk Werkvolk eG, **Amberg** (86)
- WGB Wohnungsbaugesellschaft der Stadt **Augsburg** GmbH (45, 46)
- Städtische gemeinn. Heimstätten-Gesellschaft mbH, **Bad Oeynhausen** (77)
- Josef-Stiftung **Bamberg** (153a)
- **Bautzener** Wohnungsbaugesellschaft mbH (105)
- DEGEWO Gemeinnützige Aktiengesellschaft, **Berlin** (7, 8)
- GESOBAU Gemeinnützige Aktiengesellschaft, **Berlin**(23, 71, 153)
- GSW Gemeinn. Siedlungs- und Wohnungsbaugesellschaft, **Berlin** (19, 130)
- STADT UND LAND Wohnbauten-Gesellschaft mbH, **Berlin** (37, 38)
- WBG Wohnungsbaugesellschaft Marzahn mbH, **Berlin** (26, 55)
- bbg **BERLINER** BAUGENOSSENSCHAFT eG (112, 113)
- Baugenossenschaft Freie Scholle eG, **Bielefeld** (108, 131, 132, 148)
- BGW **Bielefelder** Gemeinnützige Wohnungsgesellschaft mbH (103)
- VEBA IMMOBILIEN AG, **Bochum** (135)
- **Braunschweiger** Baugenossenschaft eG (55-57)
- GEWOBA Aktiengesellschaft Wohnen und Bauen, **Bremen** ()24, 138, 139
- GEWOSIE Wohnungsbaugenossenschaft **Bremen-Nord** eG (59, 116)
- CAWG **Chemnitzer** Allgemeine Wohnungsbaugenossenschaft eG (95)
- GWB Gemeinnützige Wohnungsbaugesellschaft mbH, **Dachau** (58)
- DOGEWO **Dortmunder** Gemeinnützige Wohnungsgesellschaft mbH (126)
- Eisenbahner-Wohnungsbaugenossenschaft **Dresden** eG (13, 14)
- SÜDOST WOBA **DRESDEN** GMBH städtische Wohnungsbaugesellschaft (25)
- Wohnungsgenossenschaft Rheinpreußensiedlung eG, **Duisburg** (34)
- LEG Wohnen GmbH, **Düsseldorf** (96, 97, 143)
- ESW **Eisenhüttenstädter** Wohnungsbaugenossenschaft eG (106)
- Wohnungsbaugenossenschaft ›**Erfurt**‹ eG (41, 42)
- THS TreuHandStelle GmbH **Essen** (127)
- Wohnungswirtschaft **Frankfurt** (Oder) GmbH (9, 60)
- Siedlungsgesellschaft **Freiburg** GmbH (84)
- GeWo - **Geraer** Wohnungsgesellschaft mbH (47-50)
- WBG UNION eG, **Gera** (47)
- Wohnungsbau- und Verwaltungsgesellschaft mbH **Greifswald** (119)
- WGG Wohnungsbau-Genossenschaft **Greifswald** eG (136)
- Wohnungsverein **Hagen** eG (99)
- **Hallesche** Wohnungsgesellschaft mbH (142)
- SAGA Siedlungs-Aktiengesellschaft **Hamburg** (3, 54, 85, 104)
- Vereinigte **Hamburger** Wohnungsgenossenschaft eG (150)
- GBH Gesellschaft für Bauen und Wohnen **Hannover** mbH (121-123)
- HGW **Herner** Gemeinnützige Wohnungsbau GmbH (128, 129)
- Wohnungsgesellschaft mbH **Hoyerswerda** (75, 76)
- GWG Gemeinnützige Wohnungsbau-Gesellschaft **Ingolstadt** GmbH (115)
- BauAG Gemeinnützige Baugesellschaft **Kaiserslautern** Aktiengesellschaft (15, 16)
- WohnStadt Hessen mbH, **Kassel** (39, 40)
- BSG-Allgäu Bau- und Siedlungsgenossenschaften eG, **Kempten** (73)
- die Sozialbau Wohnungs- und Städtebau GmbH, **Kempten** (74, 107)
- KWG **Kieler** Wohnungsbau-Gesellschaft mbH (94, 114, 134)
- WOBAU Schleswig-Holstein Wohnungsbaugesellschaft mbH, **Kiel** (117)
- Gemeinnützige Wohnungsgenossenschaft Ehrenfeld eG, **Köln** (35, 36, 57)
- LWB **Leipziger** Wohnungs- und Baugesellschaft mbH (90)

- WGL Wohnungsgesellschaft **Leverkusen** GmbH (20, 21)
- Städtische Wohnungsbaugesellschaft **Lörrach** mbH (54, 151a)
- GAG Gesellschaft für Wohnungs-, Gewerbe- Städtebau AG, **Ludwigshafen** (43, 44)
- Glückauf Gemeinnützige Wohnungsbau GmbH, **Lünen** (62, 140, 149)
- Wohnungsbaugesellschaft **Magdeburg** mbH (18, 92, 125)
- Vermietungsgenossenschaft Ludwig Frank eG, **Mannheim** (141)
- Gemeinnützige Wohnungsgenossenschaft im Hönnetal eG, **Menden** (51-54)
- GSW Genossenschaft für Siedlungsbau und Wohnen **Minden** eG (137)
- Wohnungsbau Stadt **Moers** GmbH (151)
- GSE Gesell. für Sanierungs- + Entw.maßnahmen, **Mülheim/Ruhr** (87, 88)
- GEWOFAG Gemeinnützige Wohnungsfürsorge AG, **München** (98)
- MGS **Münchner** Gesellschaft für Stadterneuerung mbH (61)
- ESW Evangelisches Siedlungswerk in Bayern GmbH, **Nürnberg** (63, 103)
- wbg Wohnungsbaugesellschaft der Stadt **Nürnberg** mbH (100)
- Thyssen Wohnstätten Aktiengesellschaft, **Oberhausen** (11, 31-33, 93)
- GSG **Oldenburg** Bau- und Wohngesellschaft mbH (133)
- Wohnungsgenossenschaft **Pößneck** eG (83)
- GWB Gemeinnützige Wohn- und Baugesellschaft **Potsdam** mbH (91, 120)
- Gemeinnützige Wohnungsgenossenschaft 'Vaterland' eG, **Potsdam** (17)
- PWG **Potsdamer** Wohnungsgenossenschaft 1956 eG (110,111)
- WIRO Wohnen in **Rostock** Wohnungsgesellschaft mbH (101)
- Wohnungsgenossenschaft Union **Rostock** eG (118)
- Saarland-Bauträger-Immobilienverwaltungsg. mbH, **Saarbrücken** (80)
- SWSG **Stuttgarter** Wohnungs- und Städtebaugesellschaft mbH (66)
- Gemeinnützige Wohnungsbaugesellschaft mbH **Suhl** (22)
- gtb Wohnungsbau und Treuhand AG, **Trier** (124)
- Gemeinnützige Wohnungsgenossenschaft **Weimar** eG (146)
- **Weimarer** Wohnstätte GmbH (145)
- HEIMATHILFE Wohnungsbaugenossenschaft eG, **Würzburg** (81, 82)

Beilage

Zweiter Bericht der Bundesregierung zur Lage der
älteren Generation in der Bundesrepublik
Deutschland - Wohnen im Alter (1998)

Zweiter Bericht der Bundesregierung zur Lage der älteren Generation in der Bundesrepublik Deutschland- Wohnen im Alter (1998)

• Inhaltsverzeichnis

Inhaltsverzeichnis

10

Zweiter Bericht der Bundesregierung zur Lage der älteren Generation in der Bundesrepublik Deutschland- Wohnen im Alter (1998)

- Kapitel XIII
    – Wohnen im Alter. Der aktuelle Handlungsbedarf

XIII. Wohnen im Alter - Der aktuelle Handlungsbedarf

Vor dem Hintergrund der von der Kommission entwickelten Leitideen, beschriebenen Verhältnisse und diskutierten Konzeptionen werden im abschließenden Kapitel des Zweiten Altenberichts die Empfehlungen zusammengefaßt, die zur Verwirklichung der Zielsetzungen beitragen und möglichen Konfliktsituationen entgegenwirken können.

Die Kommission betont nachdrücklich, daß die alten- und wohnungspolitischen Empfehlungen in das Konzept einer sozialen Strukturpolitik eingebettet werden und daß die Verwirklichung jener Vorschläge, die auf die Lebensverhältnisse älterer Menschen gerichtet sind, in gleicher Weise auch geeignet ist, die Lebensperspektiven der Jüngeren zu verbessern.

1. Zum Kapitel: Alter - Gesellschaft - Wohnen

1. Selbständigkeit, Selbstverantwortung und soziale Bezogenheit werden von der Kommission als Leitbild für Älterwerden und Alter verstanden. Die Kommission empfiehlt, sich bei der Schaffung von altersfreundlichen Umwelten an diesem Leitbild zu orientieren.

2. Die Schaffung von Wohnbedingungen, die den Bedürfnissen des Menschen jeden Lebensalters entsprechen und zugleich Risiken des Alters berücksichtigen ist eine bedeutende Komponente der generationenübergreifenden und auch integrativen Politik. Dabei ist die zentrale Stellung der Wohnung für Selbständigkeit und Alltagsgestaltung im Alter zu betonen.

3. Die Kommission hebt die Verschiedenartigkeit von Lebensbedingungen und Lebensformen im Alter hervor und weist auf die Notwendigkeit hin, ein breites Spektrum von Interventionsansätzen zu entwickeln. Dies ist auch bei der Gestaltung der Wohnung und des Wohnumfeldes zu berücksichtigen, wobei auf die großen Unterschiede in persönlichen Wohnstandards, im Grad der Selbständigkeit und im Ausmaß sozialer Integration zu achten ist.

4. Wohnen bildet eine zentrale Bedingung für die Erhaltung von Selbständigkeit und Gesundheit. Die Schaffung selbständigkeits- und gesundheitsfördernder Wohnbedingungen für alle alten Menschen ist ein bedeutender Beitrag für kompetentes Alter. Die Kommis-

sion empfiehlt, sich in besonderer Weise in der Schaffung solcher Wohnbedingungen zu engagieren und auch auf diesem Weg zur Kompetenz im Alter beizutragen.

5. Die Wohnbedingungen werden von Menschen als bedeutende Komponente der Lebensqualität gewertet und bilden eine Voraussetzung für Lebenszufriedenheit. Dabei ist auch entscheidend, daß die Wohnung das Gefühl der Vertrautheit, der Kontinuität im Wandel und der Sicherheit vermittelt. Es wird empfohlen, dieses bei der Neu- oder Umgestaltung von Wohnungen als tragende Prinzipien zu berücksichtigen.

6. Für Selbständigkeit und Leistungsfähigkeit im Alter sind "anregende Umwelten" von großer Bedeutung. Es wird empfohlen, bei der Gestaltung der Wohnung und des Wohnumfeldes darauf zu achten, daß eine ausreichende Stimulation der Sinnesorgane und der geistigen Leistungen sichergestellt ist.

7. Die ausgleichende oder unterstützende Funktion der Wohnung hinsichtlich Selbständigkeit und Gesundheit ist bei der Entwicklung von Wohn-, Rehabilitations- und Pflegekonzepten ausdrücklich zu berücksichtigen. Wohnbedingungen können einzelne biologisch-physiologische Verluste im Alter ausgleichen. Die Abstimmung der Wohnbedingungen auf bestehende physische, geistige und alltagspraktische Ressourcen sowie Einbußen der Menschen ist notwendig.

8. Die Kommission empfiehlt der Politik, der Wissenschaft, der Wirtschaft und den Medien, die Diskussion über die Bedeutung der Pflege des Humanvermögens für die Überlebensfähigkeit und Kultur der Gesellschaft und der steigenden Verantwortung der Älteren für die Zukunft der Gesellschaft deutlich zu intensivieren. Denn alsbald schmälert sich drastisch die nachwuchsgestützte Innovationsbasis aufgrund der in das Erwerbsleben einrückenden geburtenschwachen Jahrgänge.

9. Da die alternde Gesellschaft ihre Zukunftsfähigkeit ohne neuartige Kooperationsformen der Generationen nicht sichern kann, empfiehlt die Kommission die Vorbereitung und Erprobung neuartiger Mehrgenerationenkonzepte, die u.a. der zukunftsgerichteten Integration von Neuwissen und Erfahrungswissen sowie von Fach- und Daseinskompetenzen durch Mehrgenerationen - Bildung und Mehrgenerationen - Arbeit dienen. Es geht darum,

rechtzeitig Wege und Bedingungen aufzuzeigen, wie der Beitrag der Älteren (gemeinsam mit den Jüngeren) zur gesellschaftlichen Produktivität und Innovation auf einer breiteren Basis und arbeitsmarktneutral in einem neuen Tätigkeitssektor zur Wirkung gelangen kann.

10. Die Kommission empfiehlt, durch gezielte Programme die Wissens- und Erfahrungspotentiale der älteren Generation, in der aufgrund der Bildungsexpansion der Anteil der höher qualifizierten und berufserfahrenen Männer und Frauen ständig steigt, zu erschließen und als Humanpotential für die Allgemeinheit im Rahmen nachberuflicher freiwilliger ehrenamtlicher Mitwirkung im öffentlichen, im privaten und im gemeinnützigen Sektor zu aktivieren.

11. Zu den Daseinskompetenzen, die den Menschen zum Alltagsleben in der modernen ausdifferenzierten Industriegesellschaft befähigen, gehören auch lebenspraktische Wohn-, Haushaltsführungs- und Netzwerkpflegekompetenzen. Daher empfiehlt die Kommission, in allen Zweigen und Stufen des Bildungssystems der Vermittlung von Daseinskompetenzen für alle und der Integration von Daseinskompetenzen und Fachkompetenzen bei den Planungs-, Bau- und Beratungsberufen das lebensnotwendige Gewicht zu geben. Nur so besteht Aussicht, daß die Wohnentscheidungen, die meist im mittleren Lebensalter getroffen werden, verstärkt auch an Kriterien der Wohnqualität und Wohlfahrt im Alter ausgerichtet werden.

12. Die Kommission empfiehlt nachdrücklich, bei der Beurteilung der Wohnsituation älterer Menschen die Unterschiedlichkeit der Wohnbedürfnisse zu beachten, die stark von den Lebenserfahrungen, erlebten Zeitereignissen und Milieus abhängen. Mit dieser Verschiedenheit muß sowohl in der Gegenwart als auch in Zukunft bei der Entwicklung von Wohn- und Nutzungskonzepten gerechnet werden. Dabei ist vorerst mit anderen Akzeptanzen von Wohnverhältnissen in Ost- und Westdeutschland zu rechnen.

13. Die gegenwärtigen Unterschiede im Haushaltsmanagement älterer Menschen werden durch die sich im deutlichen Wandel befindenden Energie-, Kommunikations-, Informations- und Sicherheitstechniken und deren unterschiedliche Verfügbarkeit und/oder Inanspruchnahme noch differenzierter werden. Die Kommission empfiehlt, die Altersverträg-

lichkeit der neuen Möglichkeiten fortlaufend zu überprüfen, über deren Eignung für die Erleichterung der selbständigen Lebensführung zu informieren und zum Erwerb der für die Handhabung erforderlichen Kompetenzen zu ermutigen.

14. Da die Lebensrealität der Generationen, Geschlechter und Familien durch vielfache Kontakte und Hilfebeziehungen gekennzeichnet ist, empfiehlt die Kommission in der sozialpolitischen Diskussion den haushaltsbezogenen Familienbegriff aufzugeben und die im Netzwerk der erweiterten Familie miteinander verbundenen Familienmitglieder in den Blick zu nehmen sowie außerdem zu beachten, daß sich die sozialen privaten Hilfenetze im Lebenslauf verändern und der Hilfeaustausch besonders von der gegenseitigen Erreichbarkeit abhängt.

15. Bei der Entwicklung von Konzeptionen zur Gestaltung der Wohnung und des Wohnumfeldes sowie zur Siedlungsentwicklung ist auch die soziale Umwelt ausdrücklich zu berücksichtigen.

Es ist darauf zu achten, daß die soziale Integration erhalten und gefördert wird. Nur eine sozialräumlich konzipierte Infrastruktur kann die dafür erforderliche Unterstützung sicherstellen. Ein derartiges Konzept muß sowohl die informelle Infrastruktur der Selbsthilfe und der privaten Hilfenetze als auch die formelle Infrastruktur der ergänzenden und ersetzenden Dienste umfassen.

16. Da es in der politischen Praxis zwischen der Altenpolitik und der Kinder-, Jugend-, Frauen- und Familienpolitik, die jeweils in sich legitimierte Politikfelder sind, Überschneidungen gibt, empfiehlt die Kommission nachdrücklich, die Politik jeweils so auszugestalten, daß die Komplementaritätsbeziehungen optimiert und die Konfliktbeziehungen minimiert werden. Die Kommission weist daraufhin, daß dies umso mehr gelingt, je stärker die Einzelpolitiken in einem Konzept ganzheitlicher sozialer Strukturpolitik verankert sind.

17. Die Kommission empfiehlt, in der politischen Administration des Bundes und der Länder die Zuständigkeit für die Alten-, Kinder-, Jugend-, Frauen- und Familienpolitik in einem Ressort anzusiedeln. Innerhalb dieses Ministeriums sollte im Falle der Aufteilung der ge-

nannten Zuständigkeit auf einzelne Organisationseinheiten eine enge Kooperation in allen einschlägigen Fragen - z.B. in der Wohnungspolitik - sichergestellt werden. Ferner empfiehlt die Kommission in Fragen der Alten- und Wohnungspolitik nicht nur eine rechtzeitige wechselseitige Abstimmung zwischen dem für Wohnungs- und Städtebau zuständigen Ministerium und dem Ressort, das für die Angelegenheiten der Generationen, Geschlechter und Familien zuständig ist, sondern auch zwischen den anderen Ressorts von deren Handeln das Gelingen einer sozialen Strukturpolitik abhängt.

18. Da soziale Strukturpolitik, die alten-, kinder-, jugend-, frauen- und familienpolitische Ziele erfüllen soll, Instrumente auf allen politischen Handlungsebenen benötigt, empfiehlt die Kommission, auch der örtlichen und regionalen Ebene die erforderliche Aufmerksamkeit zu widmen. Dies tritt am Beispiel der Wohnungspolitik, die sich vor Ort konkretisiert, besonders deutlich hervor.

19. Da die Treffsicherheit der wohnungsbezogenen Entscheidungen in Politik und Wirtschaft, in Haushalten und Familien in sehr erheblichem Umfang von der Zuverlässigkeit und Aktualität der verfügbaren Informationen abhängt, ist eine systematische und kontinuierliche Sozialstrukturbeobachtung unentbehrlich. Sie muß altersgruppen- und raumbezogen sein. Sie darf weder die Grunddaten zur demographischen Entwicklung noch zur Gebäude- und Wohnungsnutzung, weder zur Einkommensentwicklung noch zu den Kosten und der Finanzierung des Wohnens (z.B. Wohngeld) ausblenden. Eine derartige Sozialberichterstattung erfordert zweierlei:

- Verbesserung der amtlichen statistischen Erhebungen und Auswertungen auf den Ebenen von Gemeinden, Ländern und Bund,

- Intensivierung der sozial-, bau- und regionalwissenschaftlichen Forschung sowie deren interdisziplinäre Verknüpfung.

Die Kommission betont ausdrücklich, daß die Einschränkung oder gar der Verzicht auf die bisherigen ohnehin unzureichenden Datengrundlagen das Risiko öffentlicher und privater Fehlentscheidungen und Fehlinvestitionen im Handlungsfeld Wohnen der Generationen deutlich erhöht.

20. Die Notwendigkeit der Intensivierung der auf das Wohnen der Generationen gerichteten Forschung und der Verbesserung der Informationsbasis unterstreicht die Kommission durch den Hinweis auf folgende beispielhaft ausgewählte Themenfelder:

-   Grundlagen, Methoden und Verfahren der Ermittlung von Wohnbedürfnissen und des Wohnungsbedarfs, der Gestaltung von Beteiligungsmodellen und der Unterstützung von Akteursnetzen jeweils auf örtlich- regionaler Ebene;

-   Veränderung der Systematik von Erhebungen zur Verkehrsbeteiligung z.B. durch Auflösung der irreführenden Kategorie "Freizeitverkehr" und Einführung realitätsnaher und lebenslagespezifischer Erhebungsraster;

-   Fortführung von Erhebungen und Studien zum Zeitbudget der Generationen, Geschlechter, Haushalte, Familien und sozialen Netze;

-   Untersuchungen zu Wohnpräferenzen Älterer sowie zur Motivation für bzw. Motivationsbarrieren gegen Wohnmobilität und Wohnungsanpassung.

2. Zum Kapitel: Wohnformen und Altenhilfe

1. In der Vergangenheit wurden im Unterschied zum "normalen" Wohnen spezielle Wohnformen für ältere Menschen im Rahmen der Altenhilfe angeboten. Allein die steigende Zahl älterer Menschen und die Notwendigkeit des Zusammenlebens von älteren und jüngeren Menschen erfordern nach Auffassung der Kommission ein Umdenken und eine Neubestimmung . bzw. Überwindung dieser Trennung von "Sonder-" und "Normalwohnform". Das "normale" Wohnen (ergänzt durch die ggf. erforderlichen sozialen, hauswirtschaftlichen und pflegerischen Dienstleistungen) muß als die wichtigste Wohnform älterer Menschen verstärkt Gegenstand der Altenhilfe werden, und die Einrichtungen und Dienste der Altenhilfe müssen das selbständige "normale" Wohnen älterer Menschen fördern.

2. Die Verwirklichung neuer Wohnformen, die Selbständigkeit, gegenseitige Hilfe, nachbarschaftsbezogenes, generationenübergreifendes Zusammenleben und professionelle Betreuung verbinden, ist schwerpunktmäßig nur im "normalen" Wohnungsbau möglich.

Während bei den Wohnangeboten der Altenhilfe eine "Normalisierung" gefragt ist, besteht die zusätzliche Aufgabe für den Wohnungs- und Städtebau in einem stärken Alten- bzw. Generationenbezug. Die Schwierigkeit liegt darin, daß die Schaffung angemessener Wohnformen in einem Bereich zwischen den heutigen Aufgaben der Altenpolitik und der Wohnungspolitik angesiedelt ist. Deshalb besteht eine grundlegende Empfehlung der Kommission darin, geeignete Verfahren und Kooperationsformen für das notwendige Zusammenwirken dieser beiden Gruppen von Akteuren zu entwickeln und zur Normalität zu verhelfen. Ebenso wichtig erscheint es, die Bewohner selbst in diese Zusammenarbeit einzubeziehen.

3. Eine Voraussetzung für den Verbleib älterer Menschen in ihrer normalen Wohnumwelt ist, daß die Wohnungen und das Wohnumfeld möglichst barrierefrei sind. Bisher wird das barrierefreie Bauen aber fast nur für besondere Bauvorhaben für alte und behinderte Menschen vorgeschrieben. Die Kommission empfiehlt die Anwendung der Anforderungen an barrierefreies Bauen – wie sie in der DIN 18025 (Teil 2) festgelegt sind – auf den gesamten Wohnungsbau und hält die Schaffung finanzieller Anreize für die Erfüllung dieser Anforderungen für notwendig, insbesondere bei Modernisierungsmaßnahmen. Dies sollte begleitet werden durch eine verstärkte Öffentlichkeitsarbeit, um die noch bestehenden Vorbehalte gegenüber dem barrierefreien Bauen überwinden zu helfen.

4. Die Kommission empfiehlt eine generelle Anpassung des Wohnungsbestandes an die altersspezifischen Bedürfnisse auch unabhängig von Modernisierungsprogrammen, insbesondere in Wohnsiedlungen in der Hand von Wohnungsunternehmen (Entwicklung von Programmen zum nachträglichen Einbau von Aufzügen, Beseitigung von Balkonschwellen, Umbau von Eingangsbereichen, Anpassung von Bädern etc.). Ferner sind Anreize erforderlich, um auch Einzeleigentümer von Mietwohnungen sowie Bewohner von selbstgenutztem Eigentum in solche Anpassungsprogramme einzubeziehen.

5. Zur Unterstützung von Maßnahmen der individuellen Wohnungsanpassung hält die Kommission den Ausbau der Wohnberatung für dringend erforderlich. Ziel sollte ein flächendeckendes Netz von Beratungsstellen mit einer gesicherten Finanzierung sein. Eine Förderung des Zusammenwirkens von Pflegekassen, Medizinischem Dienst und Wohnberatung sollte zu verläßlichen fachlichen Standards führen.

6. Die Kommission hält eine Verbesserung der Finanzierungsmöglichkeiten für Gemeinschaftsräume und gemeinschaftlich zu nutzende Freiflächen in Wohnsiedlungen für erforderlich. Wohnungsunternehmen sollten besser in die Lage versetzt werden, die Kosten für solche Leistungen etwa über die Verwaltungskostenpauschale umzulegen. Darüber hinaus sollten Modelle für die Kooperation von Wohnungsunternehmen, Altenhilfeorganisationen und Bewohnern gefördert werden. Solche Modelle sollten insbesondere auch für Wohngebiete entwickelt werden, die nicht in der Hand eines Wohnungsunternehmens sind. Hier könnte die Kommune ein wichtiger Partner sein.

7. Die Kommission sieht in der Anwendung des Instruments der Fehlbelegungsabgabe durchaus einen positiven Ansatz zur sozialen und altersbezogenen Durchmischung von Wohnquartieren.

8. Die Kommission empfiehlt, verstärkte Maßnahmen zur Integration älterer Obdachloser in angemessene Wohnverhältnisse.

9. Zur Förderung neuer Modelle des gemeinschaftlichen Wohnens von jüngeren und älteren Menschen sowie von Wohngemeinschaften älterer Menschen bedarf es nach Auffassung der Kommission angemessener Rahmenbedingungen. Für die Wohnprojekte, die in besonderem Maße dem Bedarf nach Selbstbestimmung, gemeinschaftsbezogenem Leben, gegenseitiger Hilfe und auch dem Zusammenleben der Generationen gerecht werden, sollten die ungleich größeren verfahrensmäßigen Barrieren, als sie etwa für bereits institutionalisierte Wohnformen für ältere Menschen bestehen, beseitigt werden. Dazu zählen die bisher bestehenden Förderrichtlinien des sozialen Wohnungsbaus bezüglich Wohnungsgrößen, Belegungsrechten, Einkommensgrenzen auf den Bedarf einkommens- und altersgemischter Wohngruppen.

10. Die Kommission empfiehlt Verfahrenserleichterungen für trägerinitiierte Gemeinschaftswohnprojekte durch Förderung der Kosten der Vorplanung und Bewohnerbeteiligung, Regelungen der Finanzierung von professioneller Begleitung des Zusammenlebens, wie z.B. Moderatoren beim integrierten Wohnen oder der sozialpädagogischen Betreuung von Pflegewohngruppen sowie der Abklärung der rechtlichen Rahmenbedingungen für den Betrieb von betreuten Wohngruppen in bezug auf die Anwendung des Heimgesetzes.

11. In der Weiterentwicklung des "Betreuten Wohnens" sieht die Kommission eine wesentliche Ergänzung zu den bisherigen Sonderwohnformen der Altenhilfe. Erforderlich sind in diesem Bereich Maßnahmen zur Qualitätssicherung, Schaffung von mehr Transparenz bei der Vertrags- und Preisgestaltung, Sicherung der Betreuungsqualität, Durchsetzung von Raumstandards wie z.B. Wohnungsgrößen, Barrierefreiheit sowie Einrichtung von Gemeinschaftsräumen, die das selbständige Wohnen und soziale Kontakte fördern. Die Kommission hält die Entwicklung von Modellen der Finanzierungskombination für erforderlich, um auch mittleren Einkommensgruppen den Zugang zu dieser Wohnform zu ermöglichen.

12. Die Kommission empfiehlt, daß alle Altenhilfeeinrichtungen verpflichtet werden, nicht nur das Gesamtentgelt, sondern auch die Preise für alle im einzelnen vereinbarten Leistungen anzugeben (z.B. analog den Vorschriften des Paragraphen 4e, Abs. 1, Satz 1 des Heimgesetzes). Preissteigerungen im Betreuungsbereich sollten durch die Einführung administrierter Anpassungsobergrenzen, wie sie z.B. das Miethöhegesetz vorsieht, sozialverträglich reguliert werden.

13. Pflegeheime, in denen pflegebedürftige Personen nicht nur vorübergehend, sondern in der Regel viele Monate oder gar Jahre wohnen, sollten nach Auffassung der Kommission stärker als bisher wohnlichen Charakter bekommen. Dabei sind die Bedürfnisse besonderer Gruppen von Bewohnern wie demente und psychisch kranke ältere Menschen in bezug auf Betreuung und Orientierung zu berücksichtigen. In den Heimen sollten überschaubare Wohnbereiche für ca. 30 Personen in 2–3 Wohngruppen mit jeweils max. 15 Bewohnern gebildet werden. Alle Gemeinschaftsbereiche sollten Wohncharakter haben (Gruppenräume, Wohn-/Eßräume, Flure, Flurerweiterungen, Sitznischen).

14. Grundsätzlich sollten Pflegeheime als Orte des Wohnens (mit Pflege) nur über Einzelzimmer mit eigenem Bad und Vorraum und mit einer Wohnfläche von mindestens 14 m^2 konzipiert werden. Doppelzimmer sollten nur als Ausnahme zugelassen werden. Wohnliche Pflegeheime erfordern geringere Platzzahlen (in der Regel 60, jedoch keinesfalls mehr als 90 Plätze; evtl. nur jeweils 40 Plätze im organisatorischen Verbund mit zentraler Verwaltung – sog. Kleeblatt-Modell) – auf quartiernahen Standorten bzw. integriert in Wohngebiete mit guter Infrastruktur.

3. Zum Kapitel: Wohnumfeld und Quartiersgestaltung

1. Die Kommission stuft in der Prioritätenskala für die Wohnzufriedenheit älterer Menschen die Anforderungen an das Wohnumfeld und an das Wohnquartier besonders hoch ein. Dabei bestimmen nicht nur baulich-technische Rahmenbedingungen, sondern auch nachbarschaftliche und soziale, infrastrukturelle, institutionalisierte und informelle Organisationsstrukturen die "räumliche" Lebensqualität Älterer. Dementsprechend vielfältige, in unterschiedlichsten Wohn- und Lebenssituationen wirksame Wechselbeziehungen erfordern situationsspezifische, jeweils quartiersbezogene Konzepte zur Ergänzung und Verbesserung des Wohnumfeldes.

2. Die Kommission geht davon aus, daß bei der Quartiersentwicklung alle im Interesse der älteren Menschen gebotenen sozialen, baulichen, organisatorischen und partizipativen Aktivitäten gebündelt werden. Daher müssen die Akteure gemeinsam die unterschiedliche wirtschaftliche Leistungsfähigkeit der Älteren beachten und die Aktivitäten darauf gerichtet sein,

- die Selbständigkeit älterer Menschen zu sichern und möglichst lange zu erhalten,

- ein Mindestangebot öffentlicher Infrastruktur bereitzustellen,

- belastende Umwelteinflüsse zu beseitigen,

- soziale und baulich fixierte Ungleichheiten zu kompensieren,

- ungewollte Verdrängungen zu verhindern,

- das "hilfe-aktive" Zusammenwohnen zu stärken sowie

- den Aufbau sozialer Initiativen und Netzwerke zu fördern.

3. Ein zentrales Ziel der Weiterentwicklung von Wohngebieten sieht die Kommission darin, das Zusammenleben von jung und alt so zu verbessern, daß daraus gegenseitige Selbst- und Nachbarschaftshilfen erwachsen können. Die Sicherung des "Generationen-Mix" als

Voraussetzung für soziale Netzwerke im Quartier erfordert ein systematisches soziales Quartiersmanagement auf der Grundlage kommunaler und unternehmerischer Planung.

4. Die Kommission empfiehlt Maßnahmen, die das Leben im Wohnquartier erleichtern. Sie sind insbesondere auszurichten auf die Bequemlichkeit der Nutzung, auf die Verfügbarkeit und Verläßlichkeit der sozialen Infrastruktureinrichtungen, der Dienstleistungs- und Einkaufsangebote sowie auf die Sicherheit im Wohnumfeld. Dabei geht es nicht um die Beseitigung jedweder Mobilitäts- und Versorgungshindernisse, sondern um die Bereitstellung von Wahlangeboten, die es den Älteren ermöglichen, das Wohnumfeld je nach Befindlichkeit entsprechend den eigenen Vorstellungen als räumlichen und sozialen Lebensbereich nutzen zu können.

5. Mit zunehmendem Alter wird das Wohnquartier mehr und mehr zum Lebensmittelpunkt. Die Kommission sieht in der Verbindung der privaten zur öffentlichen, sozialen und kulturellen Sphäre die elementare Voraussetzung für die Teilnahme am öffentlichen Leben. Auch Angebote zu ehrenamtlichem Engagement im Quartier sowie Maßnahmen, die darauf abzielen, das Wohnumfeld schöner zu machen, tragen dazu bei, das Leben der Älteren zu bereichern. Ziel entsprechender Verbesserungsmaßnahmen ist es, potentielle Angebote zur aktiven oder passiven Teilnahme am Quartiersleben bereitzustellen.

6. Selbständigkeit im Alter ist davon abhängig, daß sie auch ausgeübt werden kann. Damit soziale Netzwerke, nachbarschaftliche Kontakte sowie gegenseitige Hilfen von Jung und Alt entstehen können, bedarf es nicht nur der traditionellen Angebote der Sozial- und Wohlfahrtseinrichtungen. Deshalb plädiert die Kommission für Maßnahmen, die eine "kleine" soziale Infrastruktur fördern, die nicht nur Gemeinschaftseinrichtungen zur Nachbarschaftspflege, sondern auch notwendige Betreuungs- und Pflegedienste in annehmbarer Entfernung bereitstellen.

7. Ein selbständiges, aktives Quartiersleben setzt darüber hinaus Kommunikation, Beratungs- und Informationsleistungen voraus. Die Kommission schlägt vor, neben wohngebietsspezifischen Informationen für ältere Menschen insbesondere auch aufsuchende Beratungs- und Hilfesysteme einzurichten.

8. Für die Wohnumfeld- und Quartiersentwicklung im Interesse der Älteren ist eine verstärkte Abstimmung aller örtlichen Akteure und Verantwortlichen erforderlich. Die Kommission empfiehlt

- ein sozialorientiertes Quartiersmanagement, das unter Einbeziehung aller Entwicklungsmöglichkeiten (z.B. durch Wohnungsanpassungen, sozialverträgliche Wohnungsbelegungen, bauliche Nachverdichtungen, Wohnungstausch, Mobilitätsförderung und Umzugshilfen) die jeweils notwendigen altersgerechten Wohnumfeldeinrichtungen schafft und sich dabei auf

- eine enge partnerschaftliche Kooperation der Wohnungsunternehmen und Hauseigentümer mit der Gemeinde, den verschiedenen Ämtern, den Trägern der Sozialarbeit, den Planern und den Bewohnern stützt.

Den Kommunen obliegt es, im Rahmen ihrer Entwicklungsplanung mittelfristige wohnungs- und städtebauliche sowie sozialplanerische Konzepte zur Altenhilfe zu erarbeiten und gemeinsam mit den Freien Trägern der Sozialarbeit, den Wohnungsunternehmen und Hauseigentümern umzusetzen.

4. Zum Kapitel: Wohnen und Verkehr

1. Die Wohnqualität alter Menschen wird in erheblichem Maß auch von den räumlichen Mobilitätsbedingungen bestimmt. Deshalb hebt die Kommission die Bedeutung hervor, die sowohl die Bedingungen der aktiven Verkehrsbeteiligung der Älteren von ihrer Wohnung aus als auch die Bedingungen, unter denen die Älteren in ihrer Wohnung erreichbar sind, haben.

2. Die Kommission empfiehlt, der Verknüpfung der verschiedenen Verkehrsarten durch nutzerorientierte geschlossene Mobilitätsketten besondere Aufmerksamkeit zu widmen. Beispiele sind altersgerechte Übergänge vom Gehweg, von der Fahrradbenutzung und vom privaten Pkw zum öffentlichen Nahverkehr sowie die Erreichbarkeit der verschiedenen Verkehrsmittel von der Wohnung aus. Die Verbesserung von Mobilitätsketten ist verstärkt zu fordern.

3. Da die Barrierefreiheit eine herausragende Bedingung der bedürfnisgerechten Verkehrs-
    teilhabe ist, sind die baulichen und fahrzeugtechnischen Übergänge zwischen Wohnung
    und Verkehrsinfrastruktur sowie zwischen den Verkehrsarten möglichst hindernisfrei zu
    gestalten. Die Kommission empfiehlt, zugunsten der barrierefreien und sicheren Ver-
    kehrsteilnahme alter Menschen die vorhandenen baulichen, technischen und betrieblichen
    Verbesserungsmöglichkeiten effektiver auszuschöpfen; z.B. durch übersichtliche Fahr-
    bahnüberquerungen, getrennte Führung von Radwegen, Anfahr- und Abstellmöglichkei-
    ten für Fahrzeuge in Wohnungs- bzw. Zielnähe, optisch eindeutige Gestaltung von Ver-
    kehrsanlagen.

4. Da der Anteil der Personen mit Fahrerlaubnis und die Pkw-Dichte unter den Älteren
    deutlich steigen werden, gewinnen wohnungsnahe Stellplätze steigende Bedeutung. Die
    Kommission empfiehlt, die in vielen Orten geltenden Regelungen, die für Altenwohnun-
    gen einen reduzierten Bedarf unterstellen, zu überprüfen.

5. Die Kommission empfiehlt, die Verkehrsbedingungen zu verbessern um Pkw-
    Verkehrsunfällen alter Menschen vorzubeugen und nicht altersbezogene Ausleseverfah-
    ren oder Fahrbeschränkungen vorzusehen. Restriktive Maßnahmen, die über bereits be-
    stehende Regelungen hinaus gehen, sollen - wie in anderen Lebensaltern auch - nur dann
    ergriffen werden, wenn gravierende Leistungseinbußen nicht ausreichend durch Hilfen
    oder Verhaltensänderungen ausgeglichen werden können.

6. Unfälle alter Menschen sind vor allem durch ihre besondere Schwere und weniger durch
    die Häufigkeit gekennzeichnet. Vorbeugendes Handeln muß sich auf die Verringerung
    der Unfallschwere konzentrieren. In Fahrschulen und an den anderen Lernorten sind
    Kenntnisse über die Bedingungen der Verkehrsteilhabe alter Menschen zu vermitteln.

7. Die Kommission empfiehlt, die Verkehrsmittel, insbesondere die Personenkraftwagen so
    weiter zu entwickeln, daß alten Menschen die Nutzung und Handhabung erleichtert wird.
    Es kommt nicht vorrangig auf die Anpassung der Menschen an Technik oder Design an,
    sondern auf die Aufgabe, den Verkehrsmitteln die erforderliche Eignung zu geben. Die
    Kommission regt an, die Anforderungen an zukünftige Modelle gezielt mit den Fahr-
    zeugherstellern zu erörtern.

8. Beim Bau und der Erneuerung von Verkehrsanlagen einerseits und von Wohnanlagen andererseits ist deutlich stärker als bisher darauf zu achten, daß durch die die gegenseitige Zuordnung die Lärm- und Luftbelastung der (alten) Menschen möglichst gering bleibt.

9. Da der öffentliche Personennahverkehr (ÖPNV) ein besonders wichtiges Glied in einer Mobilitätskette ist, empfiehlt die Kommission, seine altengerechte Leistungsfähigkeit zu sichern. Dies ist auch in der Umbruchphase der Regionalisierung des ÖPNV besonders zu beachten. Dies betrifft z.B. die Aufrechterhaltung von Verkehrsnetzen, die Netzgestaltung oder -ergänzung, die Lage und Zugänglichkeit von Haltestellen, die betrieblichen Angebote auf den Linien, die Gestaltung der Fahrzeuge, die Kompetenzen des Personals und die Informationsmöglichkeiten.

10. Die Gestaltung von Verkehrsanlagen, Verkehrsmitteln und Mobilitätsketten erfordert auf der Grundlage der Kenntnisse über das Verkehrsverhalten auch und gerade alter Menschen Anforderungen an das Verkehrssystem so zu präzisieren, daß die Handelnden ihnen nicht ausweichen können. Wo derartige Grundlagen oder Handreichungen fehlen, sind sie im Interesse der Wohnqualität und Wohnzufriedenheit nicht nur alter Menschen sondern für alle zu schaffen.

5. Zum Kapitel: Wohnzufriedenheit, Selbständigkeit und Wohnqualität

1. Selbständigkeit, Gesundheit, soziale Integration und Zufriedenheit sind von den Wohnbedingungen beeinflußt. Bei der Gestaltung von Wohnumwelten ist auf die genannten Merkmale zu achten, da auch auf diesem Wege zu einem persönlich und sozial gelingenden Leben beigetragen wird. Wohnungen sollen Selbständigkeit fördern und zur selbständigen Alltagsgestaltung anregen, sie sollen gesundheitsfördernd (und nicht gesundheitsschädlich sein). Die Lage der Wohnung soll zur Erhaltung bestehender und zur Herstellung neuer Beziehungen - auf der Grundlage persönlich präferierter Kontaktmuster - anregen.

2. Die Forderung nach selbständigkeitsfördernden, gesundheitserhaltenden und sozial integrierenden Wohnbedingungen gilt nicht nur für Wohnungen, in denen ältere Menschen leben oder die für diese geplant sind. Sie gilt im Grunde für alle Wohnungen. Es soll -

z.B. durch Aufklärung - darauf hingewirkt werden, daß sich Menschen bereits frühzeitig mit ihrem Älterwerden und den Wohnanforderungen im Alter auseinandersetzen und diese Überlegungen in ihre Planungen und Entscheidungen hinsichtlich des Wohnens einbeziehen.

3. Wohnzufriedenheit ist auch als eine individuelle Kategorie zu verstehen. Bei der Entwicklung von Interventionsmaßnahmen ist ausdrücklich auf die persönlichen Kriterien für zufriedenstellendes Wohnen zu achten. Erst dadurch ist sichergestellt, daß Menschen bereit sind, Empfehlungen hinsichtlich möglicher Veränderungen ihrer Wohnbedingungen zu reflektieren.

4. Die Einstellungen älterer Menschen zu objektiv notwendigen Veränderungen ihrer Wohnbedingungen sollen Gegenstand wissenschaftlicher Analyse bilden; Möglichkeiten zur Beeinflussung der individuellen Bereitschaft zu Veränderungen der Wohnbedingungen sollen untersucht und Beratungsstellen bekannt gemacht werden.

5. Selbständigkeit ist noch stärker als bisher als die Fähigkeit des Menschen zu verstehen, die Anforderungen seiner Umwelt zu bewältigen. Diesem Verständnis liegt auch die Forderung zugrunde, Selbständigkeitserhaltung und -förderung nicht nur aus Person-, sondern auch aus Umweltperspektive zu betrachten. Es ist jeweils zu untersuchen, inwieweit durch Veränderungen in der Umwelt Selbständigkeit erhalten oder gefördert werden kann.

6. Die Gestaltung der Wohnung und des Wohnumfeldes ist noch stärker als bisher als zentrale Komponente der Rehabilitation zu werten. Die Kommission empfiehlt, zweckdienliche bauliche Veränderungen in der Wohnung und im Wohnumfeld in die Rehabilitationsplanung aufzunehmen.

7. Bei der Erörterung der Möglichkeiten und Grenzen familiärer Unterstützung kranker und sterbender Menschen sind auch die Einflüsse der Wohnbedingungen auf die notwendigen Unterstützungsleistungen und ihre Qualität sowie auf das psychische Befinden aller Familienangehörigen zu berücksichtigen. Die Entwicklung von Hilfsmaßnahmen soll auch Möglichkeiten der Verbesserung von Wohnbedingungen einschließen. Dabei ist zu be-

achten, daß es auch von den Wohnbedingungen abhängig ist, ob Menschen zu Hause gepflegt werden und sterben können oder nicht.

6. Zum Kapitel: Wohnen und sozio-ökonomische Wohlfahrt

1. Die Gesetzliche Rentenversicherung wird auch in Zukunft für den überwiegenden Teil der älteren Menschen die zentrale Einkommenquelle im Alter darstellen. Dennoch zeichnet sich verstärkt die Notwendigkeit der Ergänzung des Alterseinkommens durch weitere Quellen ab. Die Kommission empfiehlt Maßnahmen zur stärkeren betrieblichen und privaten Altersversorgung als zweite und dritte Säule der Einkommenssicherung im Alter. Nur so wird qualitätsvolles Wohnen im Alter finanzierbar sein.

2. Die wirtschaftliche Entwicklung führt zu brüchigen Erwerbsbiographien. Daher wird es auch in Zukunft soziale Risikogruppen im Alter geben. Die Bedeutung der Beschäftigungs- und Arbeitsmarktpolitik hinsichtlich der ökonomischen Verhältnisse älterer Menschen ist daher weiterhin zu betonen.

3. Durch den sozialen Wandel der Erwerbsbiographien von Frauen wird das Problem der Altersarmut in Zukunft abnehmen. Dennoch bleibt die eigenständige Sicherung des Einkommens von Frauen im Alter gesellschafts- und sozialpolitisch fortzuentwickeln. Die Kommission empfiehlt deshalb Maßnahmen weiter voranzutreiben, die den Zugang von Frauen zur Erwerbstätigkeit sichern und eine bessere Vereinbarkeit von Familie und Erwerbsleben (für beide Geschlechter) ermöglichen sowie eine stärkere Berücksichtigung familial-häuslicher Leistungen, wie Kindererziehungs- und Pflegezeiten, im Rentenrecht.

4. Die Bedeutung von Geld- sowie Grund- und Hausvermögen wächst zukünftig an. Das Vermögen älterer Menschen streut allerdings ausgeprägt. Das Gefälle in den Haushaltsgesamteinkommen wird in Zukunft im Alter noch zunehmen. Daher betont die Kommission die Bedeutung des Wohngeldes als Instrument einer angemessenen Wohnraumversorgung auch für Ältere. Die Kommission hält daher eine regelmäßige Anpassung des Wohngeldes für erforderlich. Auch Mietwohnungen müssen für den Einzelnen finanzierbar sein.

5. Die Kommission konstatiert, daß die staatliche Förderung des Mietwohnungsbaus und der Wohnungsmodernisierung für die Haushalte mit geringen Einkommen, die kein Wohneigentum bilden können, unverzichtbar bleibt, um sicheres und bezahlbares Wohnen auch im Alter zu ermöglichen.

6. Die Kommission sieht in der Bildung von Wohneigentum in jüngeren Jahren einen zentralen Schlüssel zur wirtschaftlichen Absicherung des Alters. Sie empfiehlt daher, die Förderung der Wohneigentumsbildung weiter zu verstärken.

7. Zum Kapitel: Soziale Netzwerke Älterer

1. Die Kommission hebt mit großem Nachdruck hervor, daß die Kommunikations- und Hilfebeziehungen der Menschen in vielfältiger Weise die Haushaltsgrenzen, auch die der Ein- und Zweipersonenhaushalte von Älteren, überschreiten und daß die Konzentration der Aufmerksamkeit auf Einzelhaushalte (z.B. in der amtlichen Statistik) ein unrealistisches Bild der sozialen Lage erzeugt. Daher wird vorgeschlagen, die in der Öffentlichkeit verbreitete Vorstellung von der vorherrschenden Beziehungsarmut zu korrigieren, die Beobachtung der sozialen Netze und Beziehungen zu intensivieren und den in den Hilfenetzen erbrachten Leistungen ermutigende öffentliche Anerkennung zu gewähren.

2. Weil innerhalb der sozialen Netze die gegenseitige Erreichbarkeit eine der wichtigsten Rahmenbedingungen für das Erbringen der Netzwerkleistungen ist, empfiehlt die Kommission

- bei der Gestaltung und Erneuerung von Wohngebieten der Optimierung von Erreichbarkeitsbedingungen (z.B. Wohnungsgemenge; Zuordnung von Wohnungen, Arbeitsstätten und Infrastruktur; Verkehrserschließung; Barrierefreiheit) einen hohen Rang einzuräumen und

- durch geeignete Informationen dazu beizutragen, daß die Hilfeerwartungen der Menschen sich nicht - unabhängig von den Entfernungen - auf Familienangehörige beschränken, sondern die Erreichbarkeit der Angehörigen, Freunde und Nachbarn stärker beachtet wird.

3. Die Kommission macht darauf aufmerksam, daß die Hilfeleistungen zwar überproportional von Frauen erbracht werden, daß aber entgegen verbreiteter Auffassung auch Männer in erheblichem Umfang nicht nur in den Empfang, sondern auch in das Erbringen der Leistungen eingebunden sind. Da in Zukunft mehr Männer das höhere Alter erreichen, wächst das Hilfepotential. Dieses sowohl bei Frauen und Männern zu aktivieren, erfordert, der Einsicht Durchbruch zu verschaffen, daß das Dienen in einer Dienstleistungsgesellschaft genauso zu den Schlüsselkompetenzen gehört, wie organisatorische oder technische Kompetenzen.

4. Der wichtigste persönliche Beitrag zur Vorsorge für den Fall von Hilfsbedürftigkeit ist das Eingebundensein in tragfähige Beziehungen. Dabei sind eheliche Partnerschaft sowie Elternschafts- und Kindschaftsverhältnisse herausragende Bedingungen, zu denen im Lebenslauf Freundschafts- und Nachbarschaftsbeziehungen hinzukommen. Da diese Beziehungen im jüngeren Alter und in "guten Zeiten" aufgebaut werden müssen, empfiehlt die Kommission, in der Öffentlichkeit verstärkt auf die Bedeutung der vorsorgenden Eigenverantwortlichkeit aufmerksam zu machen und im Bildungswesen die Vermittlung sozialer Daseinskompetenzen zu intensivieren.

5. Da Hilfe in privaten Netzwerken, vor allem die Pflege, mit einem erheblichen Zeiteinsatz für die Hilfeleistung verbunden ist und zu hohen Belastungen führen kann, empfiehlt die Kommission, den Angeboten zur Unterstützung von Hilfeleistenden im Rahmen von Infrastrukturkonzeptionen das erforderliche Gewicht zu geben. Damit es nicht zur Überforderung der hilfeleistenden Angehörigen der mittleren Generation kommt, ist dieser Personenkreis auf eine verbesserte Vereinbarkeit von Pflege- und Erwerbstätigkeit angewiesen. Die Kommission empfiehlt den Akteuren, die für die Rahmenbedingungen der Arbeitswelt Verantwortung tragen, diesem Aspekt ebenso eine höhere Aufmerksamkeit zu schenken, wie der Vereinbarkeit von Erziehungs- und Erwerbstätigkeit.

8. Zum Kapitel: Wohnmobilität

1. Die Kommission sieht ein selbständiges Leben in normalen Nachbarschaften als Leitbild für das Wohnen im Alter. Im Hinblick auf durchgreifende, gegen das Wohnmodell "Weiterleben-wie-bisher" gerichtete Veränderungen sind komplexe Strategien zur Förde-

rung der Wohnmobilität älterer Menschen sowie die Pflege und Förderung sich verändernder privater Hilfsnetze geboten. Dabei stellt der Wohnungswechsel nur eine Handlungsalternative dar. Mobilitätskonzepte, die dem Bedürfnis zum Verbleib in der gewohnten Umgebung Rechnung tragen, erfordern bauliche Anpassungsmaßnahmen im Wohnungsbestand und den Aufbau neuer gemeinschaftlicher Wohnstrukturen.

2. Strategien, die das insbesondere bei künftigen Ruheständlern wachsende Veränderungs- und Mobilitätspotential offensiv ausschöpfen, dürfen nicht dazu führen, daß Ältere gegen ihren Willen aus zu groß gewordenen, nicht altengerechten Wohnungen verdrängt werden. Die Kommission empfiehlt Konzepte, die darauf ausgerichtet sind, bestehende Wohnungen und Wohnquartiere so umzugestalten, daß sie den wechselnden lebenszyklischen Anforderungen möglichst auf Dauer entsprechen.

Vorrang sollten bauliche Anpassungsmaßnahmen im Bestand haben. Durch die Förderung altengerechter Verbesserungsinvestitionen (einschließlich An- und Umbaumaßnahmen) können Wohnungen und Eigenheime altengerecht umgerüstet werden. Gezielte - nicht nur finanzielle - Umzugshilfen können sowohl vorübergehend notwendige als auch bedarfsgerechte Wohnungswechsel unterstützen.

Die Sicherung des "Generationen-Mix" als Grundvoraussetzung für die Wohnzufriedenheit älterer Menschen erfordert ein situationsspezifisches, akteursübergreifendes Bestandsmanagement. Die veränderungsbereiten Haushalte müssen individuell beraten, die organisatorischen, technischen und schließlich auch finanziellen Hilfen einzelfallbezogen koordiniert werden. Das Bestandsmanagement muß sich auf eine enge partnerschaftliche Kooperation der Wohnungsunternehmen und Hauseigentümer mit der Gemeinde, den Trägern der Sozialarbeit, den Planern und den Bewohnern stützen und alle in Frage kommenden Entwicklungsmöglichkeiten (von baulichen Anpassungen und Nachverdichtungen über die Integration altengerechter Wohnalternativen bis hin zur Umzugshilfe) berücksichtigen.

3. Die Kommission vertritt die Auffassung, daß neue altengerechte Wohnungen nur dann geeignet sind, die bestehenden Angebotslücken zu schließen, wenn sie den Vorstellungen der Älteren von einem selbständigen und aktiven Leben entsprechen. Die Älteren suchen

nicht ein "bevormundendes" Betreuen, sondern Wohnformen, die Eigeninitiative und Selbstbestimmung zulassen, ohne das Gefühl von Sicherheit aufgeben zu müssen. Wohnangebote kommen dem Bedarf der Zielgruppe entgegen, wenn "Eigenständigkeit so lange wie möglich" und "Hilfestellung so früh und nur soviel wie nötig" gewährt werden.

4. Die Kommission empfiehlt, statt homogener, durch einseitige Altersstrukturen geprägte Eigenheimsiedlungen zukünftig Wohngebiete zu bauen, die sowohl den Bedürfnissen der Familien mit Kindern als auch den Bedürfnissen der Älteren genügen. Nur so können sich Nachbarschaftsgruppen zur gegenseitigen Unterstützung bilden.

5. Weitere, die bestehenden Veränderungs- und Mobilitätshemmnisse umgehende Lösungsansätze bieten der Aufbau informeller Unterstützungsnetze (z.B. Selbsthilfe-/Bewohnervereine) sowie die Einrichtung neuer Finanzierungsformen (z.B. Erwerb von Sicherheitsrechten bei Wohnungsunternehmen). Vor allem zukünftigen Ruheständlern sollten Angebote gemacht werden, den Bau oder Kauf altengerechter Wohnungen mitzufinanzieren, in denen sie selbständig in mehr oder weniger enger Beziehung zueinander leben können.

9. Zum Kapitel: Altersstruktur und Siedlungsentwicklung

1. Vor dem Hintergrund der räumlich sehr unterschiedlichen demographischen Entwicklung, wobei vor allem die Unterschiedlichkeit der Altersstruktur Gewicht hat, empfiehlt die Kommission den Akteuren auf örtlicher und regionaler Ebene, sich auf die wohnungs- und infrastrukturbezogenen Maßnahmen zu konzentrieren, die hinsichtlich der Generationenorientierung der Regional- und Stadtentwicklung Schlüsselcharakter haben. Sie werden in den folgenden Punkten konkretisiert.

2. Die Kommission empfiehlt, die Mischung von Wohnungstypen und Wohnungsgrößen auch durch das Schaffen von Teilungsmöglichkeiten in Einfamilienhäusern und großen Geschoßwohnungen anzustreben, denn ein anpassungsfähiges Wohnungsgemenge bietet günstige Bedingungen für die Mischung der Generationen und Haushaltstypen und damit auch für das Entstehen von sozialen Netzwerken.

3. Die Nutzung der langlebigen Wohnungen durch verschiedene Generationen und in unterschiedlichen Lebenslagen wird durch größtmögliche Nutzungsneutralität der Wohnungen erleichtert. Dazu gehört bei Neubauten und bei Maßnahmen im Wohnungsbestand die Beachtung altengerechter Standards z.B. durch entsprechende Zuschnitte, Größen und Ausstattungen der Räume.

4. Durch Belegungsmanagement für neu verfügbare Wohnungen werden Zuzugsmöglichkeiten für Personen des sozialen Netzes (Verwandte, Freunde u.a.) geschaffen. Eine derart gesteuerte Wohnmobilität verbessert die gegenseitige Erreichbarkeit.

5. Die Kommission empfiehlt, örtliche und regionale Konzepte für die generationsspezifische und zugleich generationenübergreifende Sicherung und Anpassung der wohnungsbezogenen Infrastruktur zu entwickeln, und zwar für den betreuenden und pflegenden Bereich, für den kommunikativen Bereich, für den kommerziellen Dienstleistungsbereich und für den Verkehrsbereich. Dabei sind zu beachten: das Bring-Prinzip, die Dezentralisierung, die Zusammenarbeit, und die Anpassungsfähigkeit an Bedarfsveränderungen.

6. Mobilisierung und Förderung der Eigeninitiative z.B. beim Aufbau und der Pflege von Kontakt- und Nachbarschaftskreisen sowie von Hilfe- und Nutzergemeinschaften (z.B. Nachbarschaftsverbund, Seniorengenossenschaften, Wohngemeinschaften), um eine trag- und leistungsfähige Selbsthilfe der Älteren zu erleichtern. Dazu gehört auch die Selbstorganisation von Gruppen, die gemeinschaftlich (z.B. als Verein oder Genossenschaften) hauswirtschaftliche oder pflegerische Fachkräfte beschäftigen, einen Versorgungs-, Einkaufs- und Verkehrsdienst organisieren oder ihre Wohnungsprobleme lösen.

7. Durch wohnungsnahe Angebote unterstützender Dienstleistungen werden im städtischen Quartiersbereich oder in ländlichen Ortsteilen die Attraktivität und Leistungsfähigkeit privater Hilfe erhöht, z.B durch Kranken-/Tageswohnungen (angebunden an Sozialstation, Arztpraxis o.ä.) oder betreutes Wohnen.

8. Die Kommission unterstreicht, daß die Breitenwirkung der vorstehend genannten Maßnahmen zu einem wesentlichen Teil auch von den gewählten Schwerpunktsetzungen und

Verfahrenswegen abhängt. Hierzu gibt die Kommission nachfolgend beispielhafte Anregungen.

9. Die Kommission empfiehlt den Akteuren, sich zunächst auf Maßnahmen zu konzentrieren, die den durchschnittlichen Wohnflächenzuwachs pro Person dämpfen. Der Schwerpunkt sollte in allen Regionen bei Anpassungs-, Umbau- und Erweiterungsmaßnahmen liegen, die der Wohnungstypenmischung und der Barrierefreiheit des millionenfach vorhandenen Wohnungsbestandes dienen. Kommunikations-, haushalts- und verkehrstechnische Maßnahmen sowie Maßnahmen der Wohnumfeldgestaltung kommen als ebenfalls wichtige Elemente des Handlungsfeldes hinzu.

10. Anpassungs- und Modernisierungsmaßnahmen, die Aufgabe der Haus- und Wohnungseigentümer sind, soll die Kommunalpolitik durch geeignete Rahmenbedingungen unterstützen. Die Kommission regt an, jeweils rechtzeitig zu prüfen, ob Gebiete, in denen eine starke Alterung der Bevölkerung zu erwarten ist, förmlich als Sanierungsgebiete (§§ 136 ff. BauGB) ausgewiesen werden können. Sanierungsziele wären die Verbesserung der Wohnungsgrößenstruktur und der Barrierefreiheit, um dadurch das Wohnen und Zusammenleben verschiedener Generationen und Haushaltstypen zu erleichtern. Die erforderlichen Baumaßnahmen könnten dann in größerem Maßstab und koordiniert durchgeführt und gefördert werden.

11. Die Kommission empfiehlt, im Rahmen von innovativen Strategien der Gemeinwesenentwicklung mit speziellen Modernisierungsprogrammen und der Förderung spezifischer Wohnformen (z.B. Mehrgenerationenwohnen) zur Deckung des Wohnungsbedarfs sowohl für Ältere als auch für Haushaltsstarter und jüngere Familien beizutragen.

12. Eine besonders bedeutsame Voraussetzung für das Gelingen einer generationen- und familienbezogenen Siedlungsentwicklung ist die zielgerichtete Kooperation der verschiedenen Akteure des Wohnungssektors, und zwar sowohl in Planungs- und Realisierungsphasen als auch in Nutzungs- und Finanzierungsangelegenheiten. Die Kommission ermutigt, entschlossen diesen sicherlich nicht einfachen und konfliktlosen, aber gewiß erfolgreichen Weg zu beschreiten.

13. Die Kommission betont, daß die Anpassungsfähigkeit der Wohnungen, der Wohngebäude, der Siedlungen und der Infrastruktur eine bedeutende Rahmenbedingung für gelingendes Leben und Zusammenleben der Generationen in allen Regionen ist. Sie empfiehlt der Bundesregierung, durch geeignete Modellprogramme rechtzeitig Erfahrungen zu sammeln und den Akteuren zugänglich zu machen.

14. Den Bundesländern und den Kommunen empfiehlt die Kommission, im Rahmen ihrer umfassenden Zuständigkeiten die Generationenorientierung durch Wohnungsbau-, Wohnungsanpassungs- und Wohnungstauschprogramme sowie Wohnberatung deutlich zu verstärken. Eine derartige Schwerpunktsetzung trägt auf wirkungsvolle Weise zur nachhaltigen Siedlungsentwicklung bei.

10. Zum Kapitel: Wohnverhältnisse älterer Migranten

1. Die Datenlage zur Wohnsituation älterer Migranten weist erhebliche quantitative und qualitative Lücken auf. Sie ist, insbesondere mit Blick auf die große Heterogenität der älteren Migrantenbevölkerung nicht hinreichend differenziert. Vorrangiger Forschungsbedarf besteht hinsichtlich der künftigen ambulanten und stationären Versorgungssituation älterer Migranten sowie hinsichtlich der Nutzungsmöglichkeiten "ethnischer Ressourcen" bzw. der Selbsthilfepotentiale älterer Migranten.

Die Kommission empfiehlt Maßnahmen zur verbesserten statistischen Erfassung der Wohn- und Lebensbedingungen älterer Migranten. Sie schlägt vor, Forschungen zu initiieren, die das Wissen über den Lebensbereich "Wohnen und Wohnumwelt" älterer Migranten erweitern und damit Hinweise auf Handlungsressourcen und Handlungsbedarf zur Verbesserung ihrer Wohnverhältnisse liefern.

2. Angesichts der häufig schlechten Wohnbedingungen älterer Migranten plädiert die Kommission dafür, sicherzustellen, daß ältere Migranten - ebenso wie deutsche Ältere - an den Möglichkeiten im Bereich der baulich-technischen Anpassung von Wohnungen und Wohnumfeld partizipieren können. In diesem Zusammenhang ist das Wissen über Wohnhilfen und ihre Finanzierungsmöglichkeiten auch unter der ausländischen Bevölkerung gezielt zu verbreiten.

3. Aufgrund des begrenzten Angebotes an ausreichend großen und preiswerten Wohnungen in den von älteren Migranten bewohnten Großstädten, sollten spezifische Hilfen bei der Wohnungssuche und für den Umzug angeboten werden. Städtebauliche Maßnahmen, die die Wohnqualität der überwiegend von ausländischen Mitbürgern bewohnten Stadtteile erhöhen, sind voranzutreiben, um eine größere Vielfalt in der Sozial-, Alters- und Nationalitätenstruktur zu erreichen.

4. Obwohl ältere Migranten vor allem in Wohngebieten niedrigerer Wohnqualität leben, verfügen sie dort häufig über soziale Netzwerke und Unterstützungssysteme. Diese Chance der vorhandenen innerethnischen Potentiale sollte genutzt werden.

   Die Kommission empfiehlt, daß die professionelle soziale Altenarbeit innerethnische Potentiale und Ressourcen in ihre gemeinwesenorientierten Handlungskonzepte einbezieht, um deren generationenübergreifende Wirkung zu erhalten, zu fördern und zu unterstützen.

5. Angesichts der vorhandenen Hemmschwellen vieler älterer Migranten gegenüber formellen Unterstützungsangeboten sind spezifische Informationsansätze erforderlich, die älteren Migranten entsprechende Inanspruchnahmen erleichtern.

   Die Kommission empfiehlt, verstärkt Ansätze einer muttersprachlichen zugehenden Beratung umzusetzen. Hierbei können die in der Regel deutsch sprechenden nachfolgenden Migrantengenerationen wichtige Vermittlerfunktionen übernehmen. Als Multiplikatoren sind auch Selbthilfesorganisationen der und Beratungsdienste für ältere Migranten einzusetzen.

6. Die Kommission empfiehlt, Bemühungen zur Verbesserung der Wohnsituation älterer Migranten auf die Erhaltung der Selbständigkeit und den Verbleib in der vertrauten räumlichen und sozialen Umgebung auszurichten. Entsprechende Maßnahmen sollen die jeweiligen spezifischen kulturellen und sozialen Wohnbedürfnisse anerkennen und die Ressourcen der älteren Migrantengruppen fördern. Einrichtungen der stationären Altenhilfe, in denen ältere Migranten leben sind aufgerufen, sich auf ihre spezifischen kulturel-

len Bedürfnisse einzustellen (z.B. bezogen auf Kommunikation, Pflegekonzepte, Ernährungsgewohnheiten, Sterben, religiöse Bedürfnisse und den Umgang mit Angehörigen).

7. Die Kommission empfiehlt positive Entwicklungen in der Wohneigentumsbildung nachfolgender Migrantengenerationen aufzugreifen und durch wohnungspolitische Programme, die das Selbsthilfepotential ausländischer Familien gezielt fördern, zu unterstützen.

Zweiter Bericht der Bundesregierung zur Lage der älteren Generation in der Bundesrepublik Deutschland- Wohnen im Alter (1998)

• Mitglieder der Sachverständigenkommission

17

Mitglieder der Sachverständigenkommission für den Zweiten Altenbericht

Prof. Dr.-Ing. Dr. phil. h.c. Clemens Geißler (Vorsitzender)
Institut für Entwicklungsplanung und Strukturforschung GmbH
an der Universität Hannover

Dr. Marie-Therese Krings-Heckemeier (stellvertretende Vorsitzende)
empirica
Qualitative Marktforschung, Struktur- und Stadtforschung GmbH, Bonn

Dr. Margret Dieck
Deutsches Zentrum für Altersfragen e.V., Berlin
(† 28.11.1996)

Prof. Dr. rer.nat. Wilfried Echterhoff
Universität-Gesamthochschule Wuppertal
Fachbereich Erziehungswissenschaften

Prof. Dr. rer.pol. Dipl.-Ing. Hartmut Großhans
GdW Bundesverband deutscher Wohnungsunternehmen e.V., Köln

Dipl. Soziologe Klaus Großjohann
Kuratorium Deutsche Altershilfe
Wilhelmine Lübke Stiftung e.V., Köln

Prof. Dr. Andreas Kruse
Ernst-Moritz-Arndt-Universität Greifswald
Institut für Psychologie

PD Dr. Frank Schulz-Nieswandt
Deutsches Zentrum für Altersfragen e.V., Berlin
(seit dem 18.12.1996)

Dipl.-Ing. (arch.) Christiane Thalgott
Stadtbaurätin, Landeshauptstadt München

Prof. Dr.-Ing. (arch.) Sabine Theis-Krömer
Rheinisch-Westfälische-Technische-Hochschule Aachen
Forschungsstelle Bauen und Gerontologie

Geschäftsführung der Kommission

Dipl. Sozialgerontologin Britta Steves
Monika Engelke (Sachbearbeitung)

Zweiter Bericht der Bundesregierung zur Lage der älteren Generation in der Bundesrepublik Deutschland-Wohnen im Alter (1998)

• Expertisen zum 2. Altenbericht

Expertisen zum Zweiten Altenbericht

Borchers, Andreas	Soziale Netzwerke älterer Menschen
Bundesforschungsanstalt für Landeskunde und Raumordnung: Bucher, Hansjörg/Kocks, Martina/ Siedhoff, Mathias	Regionale Alterung, Haushalts- und Wohnungsmarktentwicklung
Dietzel-Papakyriakou, Maria/ Olbermann, Elke	Wohnsituation älterer Migranten in Deutschland
Institut für Wohnungswesen, Immobilienwirtschaft, Stadt- und Regionalentwicklung GmbH	Dokumentation 'Wohnen im Alter' - Bemerkenswerte Handlungsansätze und realisierte Projekte in Deutschland
Klie, Thomas	Ausgestaltung des Anwendungsbereiches des Heimgesetzes - Konsequenzen und Perspektiven für die Praxis
Otto-Blume-Institut für Sozialforschung und Gesellschaftspolitik: Kremer-Preiß, Ursula	Betreutes Wohnen in Altenwohnheimen und Altenwohnanlagen - Analyse der Betreuungsverträge
Küster, Renate Ehling, Manfred	Zeitverwendung und Wohnen im Alter Zeitverwendung und Wohnen im Alter - Sonderauswertungen aus der Zeitbudgeterhebung
MConsult	Mobilitätsabhängigkeit älterer Menschen in der Region München
Wissenschaftszentrum für Sozialforschung Berlin: Mollenkopf, Heidrun/Flaschenträger, Pia/Steffen, Werner	Wohnen und Mobilität Älterer
Narten, Renate	Rahmenbedingungen für die Entstehung und Etablierung neuer Wohnformen im Alter: Das Beispiel der betreuten Wohngruppe für ältere Frauen in Braunschweig

Schubert, Herbert	Regionale Unterschiede von Alterungsprozessen und wohnungspolitischen Rahmenbedingungen - Zum systemischen Zusammenhang von Altersstrukturentwicklung, Wohnungsbedarf und regionalen Handlungsmöglichkeiten
von Schweitzer, Rosemarie	Lebenslagen der Generationen in den alten und neuen Bundesländern - Zur Verschiedenheit der Wohnbedürfnisse
Weeber + Partner: Weeber, Rotraut/Hörmle, Gabriele	Barrierefreies Wohnen für ältere Menschen, insbesondere mit Blick auf Wohngemeinschaften
WOHNBUND Brech, Joachim/Weigl, Barbara	Wohnberatung für ältere Menschen - Ein strukturierter Überblick über die Wohnberatungsstellen in Deutschland
Zentrum für Türkeistudien: Sen, Faruk/Schneiderheinze, Klaus	Regionale Unterschiede der Wohnverhältnisse älterer Migranten in Deutschland

Die Expertisen erscheinen in mehreren Bänden als "Materialien zum Zweiten Altenbericht", herausgegeben vom Deutschen Zentrum für Altersfragen e.V., Berlin 1998.

Zweiter Bericht der Bundesregierung zur Lage der älteren Generation in der Bundesrepublik Deutschland-Wohnen im Alter (1998)

● Literaturverzeichnis

Literatur zu Kapitel II

Akademie für Raumforschung und Landesplanung (1995) (Hrsg.). **Siedlungsstruktur und Bevölkerungsentwicklung. Arbeitsmaterial, Bd. 219.** Hannover.

Baltes, P.B. (1984). Intelligenz im Alter. In **Spektrum der Wissenschaft, 5,** 46-60.

Baltes, P.B. (1990). Entwicklungspsychologie der Lebensspanne. Theoretische Leitsätze. In **Psychologische Rundschau, 41,** 1-24.

Baltes, P.B., Baltes, M.M. (1990). Psychological perspectives on successful aging. The model of selective optimization with compensation. In P.B. Baltes, M.M. Baltes (Eds.). **Successful aging: Perspectives from the behavioral sciences** (pp. 1-33). New York: Cambridge University Press.

Baltes, P.B., Baltes, M.M. (1992). Gerontologie: Begriff, Herausforderung und Brennpunkte. In P.B. Baltes, J. Mittelstraß (Hrsg.). **Zukunft des Alterns und gesellschaftliche Entwicklung** (S. 1-34). Berlin: de Gruyter.

Baltes, M.M., Montada, L. (1996) (Hrsg.). **Produktives Leben im Alter.** Frankfurt: Campus.

Baltes, M. M., Lang, F. R., Wilms, H.-U. (1997). Selektive Optimierung mit Kompensation: Erfolgreiches Altern in der Alltagsgestaltung. In A. Kruse (Hrsg.). **Jahrbuch der Medizinischen Psychologie. Psychosoziale Gerontologie. Bd. 1: Grundlagen** (S. 188-202). Göttingen: Hogrefe.

Bergener, M. (1997). Epidemiologie psychischer Störungen im höheren Lebensalter. In A. Kruse (Hrsg.). **Jahrbuch der Medizinischen Psychologie. Psychosoziale Gerontologie. Bd. 1: Grundlagen** (S. 87-105). Göttingen: Hogrefe.

Bertram, H. (1991). **Die Familie in Westdeutschland. Stabilität und Wandel familialer Lebensformen.** DJI-Familien-Survey. Opladen: Leske+Budrich.

Bertram, H. (1992). **Die Familie in den neuen Bundesländern. Stabilität und Wandel in der gesellschaftlichen Umbruchsituation.** DJI-Familien-Survey. Opladen: Leske+Budrich.

Bien, W. (1996) (Hrsg.). **Familie an der Schwelle zum neuen Jahrtausend.** DJI-Familien-Survey 6. Opladen: Leske+Budrich.

Borchers, A. (1997a). **Die Sandwich-Generation. Ihre zeitlichen und finanziellen Leistungen und Belastungen.** Frankfurt a. M./New York: Campus

Borchers, A. (1997b). **Soziale Netzwerke älterer Menschen.** Expertise im Auftrag der Sachverständigenkommission "2. Altenbericht der Bundesregierung". Hannover.

Borscheid, P. (1995) (Hrsg.). **Alter und Gesellschaft**. Stuttgart: Wissenschaftliche Verlagsgesellschaft.

Brandtstädter, J., Renner, G. (1990). Tenacious goal pursuit and flexible goal adjustment: Explication and age-related analysis of assimilative and accomodative strategies of coping. In **Psychology and Aging, 8,** 58-67.

Brody, J.A., Freels, S., Miles, T.P. (1992). Epidemiological issues in the developed world. In J. Grimley-Evans, T. F. Williams (Eds.). **Oxford textbook of geriatric medicine** (pp. 14-20). Oxford: Oxford University Press.

Bucher, HJ., Kocks, M., Siedloff, M. Bundesforschungsanstalt für Landeskunde und Raumordnung (1996). **Regionale Alterung, Haushalts- und Wohnungsmarktentwicklung.** Expertise im Auftrag der Sachverständigenkommission "2. Altenbericht der Bundesregierung". Bonn.

Bundesministerium für Jugend, Familie und Gesundheit (BMJFG) (1975) (Hrsg.). **Familie und Wohnen. Analysen und Empfehlungen zur Wohnversorgung der Familien und zur Förderung familiengerechten Wohnens in der Bundesrepublik Deutschland.** Stuttgart: Kohlhammer.

Bundesministerium für Jugend, Familie, Frauen und Gesundheit (BMJFFG) (1986) (Hrsg.). **Vierter Familienbericht. Die Situation der älteren Menschen in der Familie.** BT-Drucksache: 10/6145. Bonn: Bonner Universitätsdruckerei.

Bundesministerium für Familie und Senioren (BMFuS) (1993) (Hrsg.). **Erster Altenbericht. Die Lebenssituation älterer Menschen in Deutschland.** BT-Drucksache: 12/5897. Bonn: Bonner Universitätsdruckerei.

Bundesministerium für Familie und Senioren (BMFuS) (1994) (Hrsg.). **Fünfter Familienbericht. Familien und Familienpolitik im geeinten Deutschland - Zukunft des Humanvermögens.** BT-Drucksache: 12/7560. Bonn: Bonner Universitätsdruckerei.

Bundesministerium für Familie, Senioren, Frauen und Jugend (BMFSFJ) (1995) (Hrsg.). **Dialog der Generationen. Projekte, Ideen, Möglichkeiten im Rahmen der Jugendhilfe.** Zusammengestellt von Müller-Schöll, A., Thomas, V. Bonn.

Bundesministerium für Familie, Senioren, Frauen und Jugend (BMFSFJ) (1996) (Hrsg.). **Handbuch der örtlichen und regionalen Familienpolitik.** Erarbeitet im Institut für Entwicklungsplanung und Strukturforschung an der Universität Hannover von D. Heuwinkel, Chr. Küster. Bonn: Kohlhammer.

Deutscher Bundestag (1994) (Hrsg.). **Zwischenbericht der Enquete-Kommission Demographischer Wandel. Herausforderung unserer älter werdenden Gesellschaft an den einzelnen und die Politik.** Bonn: Bonner Universitätsdruckerei.

Deutsches Institut für Wirtschaftsforschung (1992) (Hrsg.). **Lebensverhältnisse älterer Menschen in der früheren DDR und im früheren Bundesgebiet.** Erarbeitet von H. Vogtmann, G. Wagner. Berlin-Dahlem: o.V.

Deutsches Zentrum für Altersfragen e.V. (1982) (Hrsg). **Altwerden in der Bundesrepublik Deutschland: Geschichte - Situationen - Perspektiven. Band I-III.** Berlin: DZA.

Deutsches Zentrum für Altersfragen e.V. (DZA) (1983). **Gerontologie und Sozialgeschichte. Wege zu einer historischen Betrachtung des Alters.** C. Conrad, H.J. von Kondratowitz (Hrsg.). Berlin: DZA.

Dienel, Peter C. (1997). **Die Reparatur gesellschaftlicher Steuerung als Informationsproblem.** Wuppertal.

Diewald, M., Huinink, J., Heckhausen, J. (1996). Lebensverläufe und Persönlichkeitsentwicklung im gesellschaftlichen Umbruch. Kohortenschicksale und Kontrollverhalten in Ostdeutschland nach der Wende. In **Kölner Zeitschrift für Soziologie und Sozialpsychologie, 48/2,** 219-248.

Dittmann-Kohli, F. (1994). **Das persönliche Sinnsystem. Ein Vergleich zwischen frühem und spätem Erwachsenenalter.** Göttingen: Hogrefe.

Erikson, E.H., Erikson, J.M., Kivnick H.Q. (1986). **Vital involvement in old age.** New York: Norton.

Ermert, K., Meyer-Engelke, E. (1996). **Alter arbeitet für die Umwelt. Voruntersuchung zu einem Seniorenprogramm für Forschung und Wissenstransfer im Umweltbereich.** Hannover: = IES-Bericht 122.96.

Ermert, K., Meyer-Engelke, E., Rach, L. (1996). **Forschung und Wissenstransfer im Alter. Potentiale und Interessen der älteren Generation.** Hannover: = IES-Bericht 123.96.

Evers, A., Olk, T. (1996) (Hrsg.). **Wohlfahrtspluralismus. Vom Wohlfahrtsstaat zur Wohlfahrtsgesellschaft.** Opladen: Westdeutscher Verlag.

Filipp, S.-H., Olbrich, E. (1986). Human development across the life span: Overview and highlights of the psychological perspective. In A.B. Soerensen, F.E. Weinert, L. Sherrod (Hrsg.). **Human development: Interdisciplinary perspectives** (pp. 343-375). Hillsdale, NJ: Erlbaum.

Fleischmann, U. (1993). Kognitives Training im höheren Lebensalter unter besonderer Berücksichtigung von Gedächtnisleistungen. In K.J. Klauer (Hrsg.). **Kognitives Training** (S. 343-359). Göttingen: Hogrefe.

Fürst, D. (1996). **Humanvermögen in der modernen Regionalentwicklungsstrategie.** Hannover.

Geißler, C. (1996). Wohnen der Familien und Generationen. In **Familie und Wohnen** (S. 56-68). Bensheim: Karl Kübel Stiftung.

Geißler, C. (1997). Netzwerke als soziale Infrastruktur - Generationen und Haushalte im Leistungsverbund. In U. Meier (Hrsg.). **Vom Oikos zum Dienstleistungshaushalt - Der Strukturwandel privater Haushaltsführung**. Frankfurt: Campus.

Glatzer, W., Noll, H.H. (1994).(Hrsg.). **Getrennt vereint. Lebensverhältnisse in Deutschland seit der Wiedervereinigung**. Frankfurt a.M.: Campus.

Gleason, H.P., Butler, R.N. (1985) (Eds.). **Productive aging - enhancing vitality in later life**. New York: Springer.

Gräbe, S. (1996) (Hrsg.). **Vernetzte Technik für private Haushalte. Intelligente Haussysteme und interaktive Dienste aus Nutzersicht**. Frankfurt a.M.: Campus.

Handl, J. (1996). Hat sich die berufliche Wertigkeit der Bildungsabschlüsse in den achtziger Jahren verringert? Eine Analyse der abhängig erwerbstätigen, deutschen Berufsanfänger auf der Basis von Mikrozensurergebnissen. In **Kölner Zeitschrift für Soziologie und Sozialpsychologie 48/2**, 249-273.

Häfner, H. (1986). **Psychische Gesundheit im Alter**. Stuttgart: Fischer.

Häfner, H. (1992). Psychiatrie des höheren Lebensalters. In P. B. Baltes, J. Mittelstraß, U. Staudinger (Hrsg.). **Zukunft des Alterns und gesellschaftliche Entwicklung** (S.151-179). Berlin: de Gruyter.

Heeg, S. (1994). Verbesserte Wohnkonzepte für Menschen im Heim aus der Sicht einer Architektin. In A. Kruse, H.-W. Wahl (Hrsg.). **Altern und Wohnen im Heim. Endstation oder Lebensort** (S. 219-230). Bern: Huber.

Helmchen, H., Baltes, M. M., Geiselmann, B., Kanowski, S., Linden, M., Reischies, F. M., Wagner, M., Wilms, H.-U. (1996). Psychische Erkrankungen im Alter. In K.U. Mayer, P.B. Baltes (Hrsg.). **Die Berliner Altersstudie** (S. 185-219). Berlin: Akademie Verlag.

Heuft, G., Senf, W. (1997). Psychotherapeutische Behandlung psychosomatisch erkrankter älterer Patienten. In A. Kruse (Hrsg.). **Jahrbuch der Medizinischen Psychologie. Psychosoziale Gerontologie. Bd. 2: Intervention** (S. 206-218). Göttingen: Hogrefe (im Druck).

Heuwinkel, D., Küster, Chr.. **Impulse für die Kommunalentwicklung. Familienförderung im Zusammenspiel mit anderen Sektoren der Kommunalpolitik**. LBS - Initiative Junge Familie (Hrsg.). Münster.

Hörl, J. (1997). Zum Lebensstil älterer Menschen. In A. Kruse (Hrsg.). **Jahrbuch der Medizinischen Psychologie. Psychosoziale Gerontologie. Bd. 1: Grundlagen** (S. 65-78). Göttingen: Hogrefe.

Hradil, S. (1987). **Sozialstrukturanalyse in einer fortgeschrittenen Gesellschaft. Von Klassen und Schichten zu Lagen und Milieus.** Opladen: Leske+Budrich.

Infratest (1993). **Hilfe- und Pflegebedürftige in Privathaushalten. Bericht zur Repräsentativerhebung im Forschungsprojekt "Möglichkeiten und Grenzen selbständiger Lebensführung".** Schriftenreihe des Bundesministeriums für Familie und Senioren. Stuttgart: Kohlhammer.

Imhof, A.E. (1996). **Die Zunahme unserer Lebensspanne seit 300 Jahren und ihre Folgen.** Stuttgart: Kohlhammer.

Inglehart, R. (1989). **Kultureller Umbruch. Wertewandel in der westlichen Welt.** Frankfurt a.M.: Campus.

Kirchenamt der Ev. Kirchen in Deutschland/Sekretariat der Deutschen Bischofskonferenz (1997) (Hrsg.). **Für eine Zukunft in Solidarität und Gerechtigkeit.** Hannover/Bonn.

Klemp, G.O., McClelland, D.C. (1986). What characterizes intelligent functioning among senior managers? In R.J. Sternberg, R.K. Wagner (Eds.). **Practical intelligence. Nature and origins of competence in the everyday world** (pp. 31-50). Cambridge: Cambridge University Press.

Kliegl, R., Smith, J., Baltes, P.B. (1989). Testing-the-limits and the study of adult age differences in cognitive plasticity and of mnemonic skill. In **Developmental Psychology, 25,** 247-256.

Knopf, M. (1987). **Gedächtnis im Alter.** Heidelberg: Springer.

Knopf, M. (1997). Gedächtnisleistung und Gedächtnisförderung. In A. Kruse (Hrsg.). **Jahrbuch der Medizinischen Psychologie. Psychosoziale Gerontologie. Bd. 1: Grundlagen** (S. 131-146). Göttingen: Hogrefe.

Knopf, M., Kolodziej, P., Preussler, W. (1990). Der ältere Mensch als Experte - Literaturübersicht über die Rolle von Expertenwissen für die kognitive Leistungsfähigkeit im höheren Alter. In **Zeitschrift für Gerontopsychologie und -psychiatrie, 3,** 233-248.

Kommission (1988). **Altern als Chance und Herausforderung.** Staatsministerium des Landes Baden-Württemberg. Stuttgart.

Krause, N., Herzog, A.R., Baker, E. (1992). Providing support to others and well-being in later life. In **Journal of Gerontology, 47,** 300-311.

Kruse, A. (1989). Psychologie des Alters. In K.P. Kisker, H. Lauter, J.E. Meyer, C. Müller, E. Strömgren (Hrsg.). **Psychiatrie der Gegenwart, Bd. 8: Alterspsychiatrie** (S. 1-58). Heidelberg: Springer.

Kruse, A. (1990). Potentiale im Alter. In **Zeitschrift für Gerontologie, 23**, 235-245.

Kruse, A. (1995). Entwicklungspotentialität im Alter. Eine lebenslauf- und situationsorientierte Sicht psychischer Entwicklung. In P. Borscheid (Hrsg.). **Alter und Gesellschaft** (S. 63-86). Stuttgart: Hirzel - Wissenschaftliche Verlagsgesellschaft.

Kruse, A. (1996a). Geriatrie - Gesundheit und Kompetenz im Alter. Aufgaben der Prävention und Rehabilitation. In P. J. Allhoff, J. Leidel, G. Ollenschläger, P. Voigt (Hrsg.). **Handbuch der Präventivmedizin** (S. 601-628). Heidelberg: Springer.

Kruse, A. (1996b). Alltagspraktische und sozioemotionale Kompetenz. In M.M. Baltes, L. Montada (Hrsg.). **Produktives Leben im Alter** (S. 290-322). Frankfurt a.M.: Campus.

Kruse, A. (1997). Bildung und Bildungsmotivation im Erwachsenenalter. In F. E. Weinert, H. Mandl (Hrsg.). **Enzyklopädie der Psychologie - Pädagogische Psychologie: Psychologie der Erwachsenenbildung** (S. 120-166). Göttingen: Hogrefe.

Kruse, A., Rudinger, G. (1997). Leistung und Lernen im Erwachsenenalter und Alter. In F. E. Weinert, H. Mandl (Hrsg.). **Enzyklopädie der Psychologie - Pädagogische Psychologie: Psychologie der Erwachsenenbildung** (S. 167-209). Göttingen: Hogrefe.

Kruse, A., Schmitt, E. (1995). Die psychische Situation hilfs- und pflegebedürftiger älterer Menschen. In **Zeitschrift für Gerontopsychologie und -psychiatrie, 8,** 273-288.

Krüsselberg, Hans-Günther (1996). **Über die Bedeutung von Familie und Familienpolitik (und von Frauen für die Familie) in einer Sozialen Marktwirtschaft.** Marburg.

Küster, Chr. (1997). **Zeitverwendung und Wohnen im Alter.** Expertise im Auftrag der Sachverständigenkommisssion "2. Altenbericht der Bundesregierung". Hannover.

Lampert, H. (1997). Familienpolitik und Frauenpolitik - widersprüchliche oder einander ergänzende Politikbereiche. In U. Meier (Hrsg.). **Vom Oikos zum modernen Dienstleistungshaushalt - Der Strukturwandel privater Haushaltsführung.** Frankfurt: Campus.

Lauterbach, W., Lüscher, K. (1996). Erben und die Verbundenheit der Lebensverläufe von Familienmitgliedern. In **Kölner Zeitschrift für Soziologie und Sozialpsychologie 48/1,** 66-95.

Lehr, U. (1986). Aging as fate and challenge. In H. Häfner, G. Moschel, N. Sartorius (Eds.). **Mental health in the elderly** (pp. 57-77). Heidelberg: Springer.

Lehr, U. (1987). **Zur Situation der älterwerdenden Frau. Bestandsaufnahme und Perspektiven bis zum Jahre 2000.** München: Beck.

Lehr, U. (1996). **Psychologie des Alterns** (3. Aufl.). Heidelberg: Quelle & Meyer.

Lehr, U., Minnemann, E. (1987). Veränderung von Quantität und Qualität sozialer Kontakte vom 7. bis 9. Lebensjahrzehnt. In U. Lehr, H. Thomae (Hrsg.). **Formen seelischen Alterns** (S. 80-91). Stuttgart: Enke.

Lehr, U., Thomae, H. (Hrsg.) (1987). **Formen seelischen Alterns**. Stuttgart: Enke.

Lehr, U., Thomae, H. (1991). **Alltagspsychologie**. Darmstadt: Wissenschaftliche Buchgesellschaft.

Linden, M., Gilberg, R., Horgas, A.L., Steinhagen-Thiessen, E. (1996). Die Inanspruchnahme medizinischer und pflegerischer Hilfe im hohen Alter. In K.U. Mayer, P.B. Baltes (Hrsg.). **Die Berliner Altersstudie** (S. 475-496). Berlin: Akademie-Verlag.

Lüdtke, H., Matthäi, I., Ulbrich-Hermann, M. (1994). **Technik im Alltagsstil. Eine empirische Studie zum Zusammenhang von technischem Verhalten, Lebensstilen und Lebensqualität privater Haushalte**. Marburg: Universitätsdruckerei Marburg.

Mannheim, K. (1994). Das Problem der Generationen. In o. Hrsg. **Soziologische Texte, Wissenssoziologie, Band 28**, 509-565. Berlin: o.V..

Mayer, K.U. (1992). Bildung und Arbeit in einer alternden Bevölkerung. In P.B. Baltes, J. Mittelstrass (Hrsg.). **Zukunft des Alterns und gesellschaftliche Entwicklung** (S. 518-543). Berlin/New York: de Gruyter.

Mayer, K.U., Baltes, P.B. (1996) (Hrsg.). **Die Berliner Altersstudie**. Berlin-Brandenburgische Akademie der Wissenschaften. Berlin: Akademie-Verlag.

Mayer, K.U., Baltes, P.B., Helmchen, H., Steinhagen-Thiessen, E. (1996). Die Berliner Altersstudie: Überblick und Einführung. In K.U. Mayer, P.B. Baltes (Hrsg.). **Die Berliner Altersstudie** (S. 21-54). Berlin: Akademie-Verlag.

Montada, L. (1995). Fragen, Konzepte, Perspektiven. In R. Oerter, L. Montada (Hrsg.). **Entwicklungspsychologie** (S. 1-83). Weinheim: PsychologieVerlagsUnion.

National Center of Health Statistics (1985). **Aging America: trends and propositions**. Washington, D.C.: Government Printing Office.

Nave-Herz, R. (1996). Familie und Alt-Werden. In G. Koolmann, G. Schusser (Hrsg.). **Familie in besonderen Lebenssituationen - gestern und heute** (S. 109-121). Hamburg: o.V..

Nieders. Kultusministerium Hannover (1996) (Hrsg.). **Jugendkompaß. Ausbildung und Beruf, Gesellschaftliche Mitwirkung, Familie und Partnerschaft, Gewalt, Freizeit, Religion**. Hannover.

Oechelhaeuser, S. (1992). Wohnungsbau in der DDR - aus der Sicht der Frau. In B. Geiling-Maul, H. Schrutka-Rechtenstamm, A. Vechtel (Hrsg.). **Frauenalltag. Weibliche Lebenskultur in beiden Teilen Deutschlands** (S. 82-94). Köln: Bund-Verlag.

Oesterreich, K. (1993). **Gerontopsychiatrie.** München: Quintessenz.

Olbrich, E. (1985). Coping and development in the later years. In J. Munnichs, P. Mussen, E. Olbrich, P. G. Coleman (Eds.). **Life-span and change in a gerontological perspective** (pp. 133-155). New York: Academic Press.

Olbrich, E. (1987). Kompetenz im Alter. In **Zeitschrift für Gerontologie, 20,** 319-330.

Olbrich, E. (1994). Konstanz oder Veränderung der Persönlichkeit im Alter? Befunde und Diskussion einer Kontroverse. In **Zeitschrift für Gerontologie, 27,** 83-95.

Olbrich, E., Kruse, A., Roether, D., Pöhlmann, K., Helsig, N. (1994) (Hrsg.). **Möglichkeiten und Grenzen der selbständigen Lebensführung im Alter.** Untersuchung zum Hilfe- und Pflegebedarf in Deutschland. Universität Erlangen-Nürnberg.

Oswald, W.D., Rödel, G. (1994). **Gedächtnistraining.** Göttingen: Hogrefe.

Radebold, H. (1992). **Psychodynamik und Psychotherapie Älterer.** Heidelberg: Springer.

Riley, M., Riley, J. (1992). Individuelles und gesellschaftliches Potential des Alterns. In P.B. Baltes, J. Mittelstraß (Hrsg.). **Zukunft des Alterns und gesellschaftliche Entwicklung** (S. 437-459). Berlin: de Gruyter.

Rosenmayr, L. (1983). **Die späte Freiheit.** Berlin: Severin und Siedler.

Rosenmayr, L. (1990). **Kräfte des Alters.** Wien: Atelier.

Ruth, J.E., Birren, J.E. (1995). Personality and aging: Modes of coping and the meaning of stress. In A. Kruse, R. Schmitz-Scherzer (Hrsg.). **Psychologie der Lebensalter** (S. 241-252). Darmstadt: Steinkopff.

Salthouse, T. (1984). Effects of age and skill in typing. In **Journal of Experimental Psychology, General 113,** 345-371.

Salthouse, T. (1985). **A theory of cognitive aging.** Amsterdam: North-Holland.

Schmitt, E., Kruse, A., Olbrich, E. (1994). Wohnen im Alter - Zusammenhänge zwischen Selbständigkeit und Qualität des Wohnumfeldes. Empirische Beiträge aus der Studie "Möglichkeiten und Grenzen selbständiger Lebensführung im Alter". In **Zeitschrift für Gerontologie, 27,** 390-398.

Schmitz-Scherzer, R. (1992). Freizeitangebote, Bildungsangebote und Trainingsprogramme. In A. Mühlum, H. Oppl (Hrsg.). **Handbuch der Rehabilitation** (S. 319-332). Neuwied: Luchterhand.

Schmitz-Scherzer, R. (1997). Mileutherapeutische Konzepte in der Altenarbeit. In A. Kruse (Hrsg.). **Jahrbuch der Medizinischen Psychologie. Psychosoziale Gerontologie. Bd. 2: Intervention** (S. 149-158). Göttingen: Hogrefe (im Druck).

Schott, J./Bermann, K.E. und Wiesner, G. (1995). Der Lebensverlängerungsprozeß - ein Vergleich zwischen Ost- und Westdeutschland. In **Zeitschrift für Bevölkerungswissenschaft 20/2**, 187-206.

Schramm, W. (1995). Humanvermögen und Raumentwicklung. In **Arbeitsmaterial/Akademie für Raumforschung und Landesplanung Nr. 219.** Hannover.

Schubert, H. (1996). Soziale Infrastruktur. In **Akademie für Raumforschung und Landesplanung. Handwörterbuch der Raumordnung** (S. 847-851). Hannover.

Schubert, H. (1996). **Regionale Unterschiede von Alterungsprozessen und strukturellen Rahmenbedingungen. Zum systemischen Zusammenhang von Alterungsstrukturentwicklung, Wohnungsbedarf und regionalen Handlungsmöglichkeiten.** Expertise im Auftrag der Sachverständigenkommission "2. Altenbericht der Bundesregierung". Hannover.

Schwarz, K., Dorbritz, J. (1996): Kinderlosigkeit in Deutschland - ein Massenphänomen. Analysen zu Erscheinungsformen und Ursachen. In **Zeitschrift für Bevölkerungswissenschaft, 3**, 231-261.

Schweitzer, R. von, (1991). **Einführung in die Wirtschaftslehre des privaten Haushalts.** Stuttgart: Ulmer.

Schweitzer, R. von, (1995). Daseins- und Fachkompetenzen für alle - Eine familienbezogene Herausforderung der Ziele und Inhalte von Bildung. In **Familienorientierung des Bildungssystems. HIS Kurzinformation B 6/95.** Hannover.

Schweitzer, R. von, (1996). **Zur Verschiedenheit der Lebenslagen und der Wohnbedürfnisse in den westlichen und östlichen Bundesländern.** Expertise im Auftrag der Sachverständigenkommission "2. Altenbericht der Bundesregierung". Gießen.

Shock, N., Greulich, R.C., Andres, R., Arenberg, D., Costa, P.T.jr., Lakatta, E.G., Tobin, J. D. (1984). **Normal human aging. The Baltimore Longitudinal Study of Aging, NIH Publication No. 84-245.** Washington, DC: Government Printing Office.

Staudinger, U., Freund, A.M., Linden, M., Maas, I. (1996). Selbst, Persönlichkeit und Lebensgestaltung im Alter: Psychologische Widerstandsfähigkeit und Vulnerabilität. In K.U. Mayer, P.B. Baltes (Hrsg.). **Die Berliner Altersstudie** (S. 321-350). Berlin: Akademie-Verlag.

Tesch-Römer, C., Nowak, M. (1995). Bewältigung von Hör- und Verständnisproblemen bei Schwerhörigkeit. In **Zeitschrift für Klinische Psychologie, 24**, 35-45.

Thomae, H. (1983). **Alternsstile und Altersschicksale.** Bern: Huber.

Thomae, H. (1996). **Das Individuum und seine Welt** (3. Aufl.). Göttingen: Hogrefe.

Thomae, H. (1997). Formen der Kompetenz im Alter. In A. Kruse (Hrsg.). **Jahrbuch der Medizinischen Psychologie. Psychosoziale Gerontologie. Bd. 1: Grundlagen** (S. 35-50). Göttingen: Hogrefe.

Wahl, H.-W., Oswald, F. (1997). Eine ökopsychologische Analyse der Kompetenz im höheren Lebensalter: Das Beispiel Sehbeeinträchtigung. In A. Kruse (Hrsg.). **Jahrbuch der Medizinischen Psychologie. Psychosoziale Gerontologie. Bd. 2: Intervention** (S. 27-51). Göttingen: Hogrefe (im Druck).

Wahl, H.-W., Saup, W. (1994). Ökologische Gerontologie: mehr als die Docility-Hypothese? In **Zeitschrift für Gerontologie, 27**, 347-354.

Weinert, F.E. (1992). Altern in psychologischer Perspektive. In P.B. Baltes , J. Mittelstraß, U. Staudinger (Hrsg.). **Zukunft des Alterns und gesellschaftliche Entwicklung** (S. 180-203). Berlin: de Gruyter.

Weinert, F.E. (1995). Gedächtnisdefizite und Lernpotentiale: Diskrepanzen, Differenzen und Determinanten des geistigen Alterns. In A. Kruse, R. Schmitz-Scherzer (Hrsg.). **Psychologie der Lebensalter** (S. 209-215). Darmstadt: Steinkopff.

Willis, S.L. (1987). Cognitive training and everyday competence. In K.W. Schaie, C. Eisdorfer, (Eds.). **Annual review of gerontology and geriatrics** (Vol. 7, pp. 159-189). New York: Springer.

Willis, S.L., Schaie, K.W. (1986). Practical intelligence in later adulthood. In R.J. Sternberg, R.K. Wagner (Eds.). **Practical intelligence. Nature and origins of competence in the everyday world** (pp. 236-268). Cambridge: Cambridge University Press.

Literatur zu Kapitel III

Beauftragte der Bundesregierung für die Belange der Ausländer (1995) (Hrsg.). **Bericht der Beauftragten der Bundesregierung für die Belange der Ausländer in der Bundesrepublik Deutschland.** Bonn: Bonner Universitätsdruckerei.

Borchers, A., Miera, S. (1993). **Zwischen Enkelbetreuung und Altenpflege. Die mittlere Generation im Spiegel der Netzwerkforschung.** Reihe Stiftung DER PRIVATE HAUSHALT. Frankfurt a.M./New York: Campus.

Bucher, HJ., Kocks, M., Siedloff, M. Bundesforschungsanstalt für Landeskunde und Raumordnung (1996). **Regionale Alterung, Haushalts- und Wohnungsmarktentwicklung.** Expertise im Auftrag der Sachverständigenkommission "2. Altenbericht der Bundesregierung". Bonn.

Bucher, HJ. (1996). Regionales Altern in Deutschland. In **Zeitschrift für Gerontologie und Geriatrie, 1/96**, 3-10. Darmstadt: Steinkopff.

Bundesarbeitsgemeinschaft (BAG) Wohnungslosenhilfe e.V. (1996) (Hrsg.). **Statistikbericht 1995.** Bielefeld.

Bundesministerium für Jugend, Familie, Frauen und Gesundheit (BMJFFG) (1986) (Hrsg.). **Vierter Familienbericht. Die Situation der älteren Menschen in der Familie.** BT-Drucksache 10/6145. Bonn: Bonner Universitätsdruckerei.

Bundesministerium für Familie und Senioren (BMFuS) (1993a) (Hrsg.). **Erster Altenbericht. Die Lebenssituation älterer Menschen in Deutschland.** BT-Drucksache 12/5897. Bonn: Bonner Universitätsdruckerei.

Bundesministerium für Familie und Senioren (BMFuS) (1993b) (Hrsg.). **Hilfe und Pflegebedürftige in privaten Haushalten.** Schriftenreihe Band 20.2. Stuttgart: Kohlhammer.

Bundesministerium für Familie und Senioren (BMFuS) (1994) (Hrsg.). **Fünfter Familienbericht. Familien und Familienpolitik im geeinten Deutschland - Zukunft des Humanvermögens.** BT-Drucksache 12/7560. Bonn: Bonner Universitätsdruckerei.

Bundesministerium für Familie, Senioren, Frauen und Jugend (BMFSFJ) (1997) (Hrsg.). **Die Familie im Spiegel der amtlichen Statistik** (Bearbeiter: H. Engstler). Bonn.

Bundesverband deutscher Wohnungsunternehmen e.V. (GdW). **GdW Jahresstatistiken,** verschiedene Jahrgänge.

Deutscher Bundestag (1993). **Antwort der Bundesregierung auf die Große Anfrage der Abgeordneten G. Andres, K. Gilges, G. Hämmerle, weiterer Abgeordneter und der Fraktion der SPD - BT-Drucksache 12/4009 - Situation ausländischer Rentner und Senioren in der Bundesrepublik Deutschland.** BT-Drucksache 12/5796, 29.09.1993.

Deutscher Bundestag (1994 a) (Hrsg.). **Zwischenbericht der Enquete-Kommission Demographischer Wandel. Herausforderung unserer älter werdenden Gesellschaft an den einzelnen und die Politik.** Bonn: Bonner Universitätsdruckerei.

Deutscher Bundestag (1994 b) (Hrsg.). **Bericht der Expertenkommission Wohnungspolitik.** BT-Drucksache 13/159, 30.12.1994.

Dorbritz, J.; Gärtner, K. (1995). Bericht 1995 über die demographische Lage in Deutschland. In **Zeitschrift für Bevölkerungswissenschaft 20** (1995) 4, 363; **21** (1996) 4.

Friedrich, K. (1994). **Intraregionale und interregionale Muster und Prinzipien der Mobilität älterer Menschen.** Expertise für die Enquete-Kommission "Demographischer Wandel" des Deutschen Bundestages.

Geißler, C. (1994). Investitionen in private Netzwerle. Individuelle und gesellschaftliche Perspektiven. In S. Gräbe (Hrsg.). **Lebensform Einprsonenhaushalt. Herausforderung an Wirtschaft, Gesellschaft und Politik** (S. 183-197). Reihe Stiftung DER PRIVATE HAUSHALT. Frankfurt a.M./New York: Campus.

Hämmerlein, H. (1996). **Einführung in die Wohrıngswirtschaft.** Baden-Baden: Nomos Verl.-Ges.

Roloff, J. (1996). **Die demographische Alterung in Deutschland.** Sonderauswertung im Rahmen einer Stellungnahme für die Sachverständigenkommission "2. Altenbericht der Bundesregierung".

Rosenkranz, D. (1996). Folgen des familialen Wandels für die Pflege älterer Menschen. Familiendemographische Überlegungen. In H.P. Buba, N.F. Schneider (Hrsg.). **Familie zwischen gesellschaftlicher Prägung und individuellem Design** (S. 209-218). Opladen: Westdeutscher Verlag.

Sommer, B.,Voit, H. (1997). Bevölkerungsentwicklung 1995. In **Wirtschaft und Statistik, Heft 1/1997,** 21-27.

Specht-Kittler, T. (1997). Wohnungslosigkeit im Alter - Alt und ohne Bleibe. Vom Lebensabend auf der Straße. In **Sozialmagazin, 22. Jg., Heft 3/1997,** 14-20.

Statistisches Amt der DDR (Hrsg.). **Statistische Jahrbücher der DDR,** versch. Jahrgänge. Berlin: Staatsverlag der DDR.

Statistisches Bundesamt (Hrsg.). **Statistische Jahrbücher der Bundesrepublik Deutschland,** versch. Jahrgänge. Stuttgart/Mainz: Kohlhammer.

Statistisches Bundesamt (Hrsg.). **Fachserie 1, Reihe 1, Gebiet und Bevölkerung,** versch. Jahrgänge. Stuttgart: Metzler Poeschel.

Statistisches Bundesamt (Hrsg.). **Fachserie 1, Reihe 3, Haushalte und Familien,** versch. Jahrgänge. Stuttgart: Metzler Poeschel.

Statistisches Bundesamt (1997) (Hrsg.). Mitteilungen zur aktuellen demographischen Entwicklung. In **BiB-Mitteilungen. Informationen aus dem Bundesinstitut für Bevölkerungsforschung beim Statistischen Bundesamt, 18. Jg., 1/97.**

Zentrum für Türkeistudien (1997). **Regionale Unterschiede der Wohnsituation älterer Migranten in Deutschland.** (Bearbeiter: K. Schneiderheinze). Expertise im Auftrag der Sachverständigenkommission "2. Altenbericht der Bundesregierung". Essen.

Literatur zu Kapitel IV

Bayerisches Staatsministerium des Innern, Oberste Baubehörde (1992) (Hrsg.). **Barrierefreie Wohnungen.** Leitfaden für Architekten, Fachingenieure und Bauherren zur DIN 18025, Teil 1 und 2. Vergleichende Betrachtung und Erläuterungen. München.

Biebricher, R. (1991). **Richtig wohnen – selbständig bleiben bis ins hohe Alter.** Anleitung zur Wohnungsanpassung nach dem Konzept von Ch. Osbelt, Dipl.-Designerin, Architektin und Wohnberaterin. Frankfurt a.M.: Fischer-Taschenbuch-Verlag.

Brasse, B., Klingseisen, M., Schirmer, U. (1992) (Hrsg). **Alt sein – aber nicht allein. Neue Wohnkultur für Jung und Alt.** Projekte, Erfahrungen, Impressionen. München: ANstiftung

Braun, H., Geißler, S., Wiedmann, E. (1989). **Programm Wohnungsanpassung für ältere Menschen.** Erfahrungsbericht 1989. Sozialreferat der Landeshauptstadt München (Hrsg.). München.

Brech, J., Potter, Ph. (1991). **Älter werden – wohnen bleiben.** Europäische Beispiele im Wohnungs- und Städtebau. Sondergutachten zum Forschungsfeld "Ältere Menschen und ihr Wohnquartier". WohnBund (Hrsg.). Frankfurt a.M..

Brech, J., Klingseisen, M. (1994). **Integriertes Wohnen.** Ein Modell für sozialen Wohnungs-bau. Darmstadt.

Breuer, B. Fuhrich, M. (1995). **Wohnen im Alter – zuhause im Wohnquartier.** Forschungsvorhaben des Experimentellen Wohnungs- und Städtebau. Bundesministerium für Raumordnung, Städtebau und Bauwesen (Hrsg.). Bonn.

Bundesarbeitsgemeinschaft (BAG) Wohnungsanpassung e.V. (1997a) (Hrsg.). **Konzeption und Satzung.** St. Wendel.

Bundesarbeitsgemeinschaft (BAG) Wohnungsanpassung e.V. (1997b) (Hrsg.). **Qualitätsan-forderungen für Wohnberatungsstellen.** Ziele, Aufgaben, Kompetenzen, Ressourcen. Bielefeld.

Bundesministerium für Familie, Senioren, Frauen und Jugend (BMFSFJ) (1995) (Hrsg.). **Forschungsprojekt "Möglichkeiten und Grenzen selbständiger Lebensführung in Einrichtungen".** Dokumentation des 1. Symposiums. Bonn.

Bundesverband deutscher Wohnungsunternehmen (GdW) (1994) (Hrsg.). **Modernisierung und Entwicklung des Wohnungsbestandes.** Ziele, Verfahren, Standards, Techniken, Kosten, Akzeptanz. GdW-Schrift, 43. Köln.

Bundesverband deutscher Wohnungsunternehmen (GdW) (1995) (Hrsg.). **Wohnungsmana-gement 2000.** Neue Anforderungen an Management und Führungsqualifikationen angesichts neuer Geschäftsfelder und Dienstleistungsfunktionen in der Wohnungswirtschaft. GdW-Schrift, 45. Köln.

Bundesverband deutscher Wohnungsunternehmen (GdW) (1996). **Daten und Fakten 1995 der unternehmerischen Wohnungswirtschaft.** Ergebnisse der Jahresstatistik nach Bundesländern. GdW-Informationen, 47. Köln.

Bundesverband deutscher Wohnungsunternehmen (GdW) (1997a). **Humanisierung der Großen Siedlungen.** Herausforderung, Ansätze und Leistungsbeiträge der gemeinnützig orientierten unternehmerischen Wohnungswirtschaft in den neuen Bundesländern. GdW-Informationen, 50. Köln.

Bundesverband deutscher Wohnungsunternehmen (GdW) (1997b). **Daten und Fakten 1996 der unternehmerischen Wohnungswirtschaft in den neuen Ländern.** Ergebnisse der Befragung des GdW per 31.12.1996. GdW-Informationen, 58. Köln.

Bura, J., Kayser, B. (1992). **Miteinander Wohnen - Wohnprojekte für Jung und Alt.** Dokumentation eines Sondergutachtens zum Forschungsfeld „Ältere Menschen und ihr Wohnquartier" im Rahmen des Experimentellen Wohnungs- und Städtebau des Bundesministeriums für Raumordnung, Bauwesen und Städtebau. Darmstadt: Verlag für wissenschaftliche Publikationen (VWP).

Deutsches Institut für Normierung (1992). **Barrierefreie Wohnungen. Wohnungen für Rollstuhlbenutzer.** Planungsgrundlagen DIN 18025, Teil 1 und Teil 2, 12/92. Berlin.

Deutscher Bundestag (1994). **Zwischenbericht der Enquete-Kommission Demographischer Wandel - Herausforderung unserer älter werdenden Gesellschaft an den Einzelnen und die Politik.** Bonn: Bonner Universitätsdruckerei.

Deutscher Verein für öffentliche und private Fürsorge (1992) (Hrsg.). **Nomenklatur der Altenhilfe.** (2., völlig neu bearbeitete Auflage). Frankfurt a.M.: Eigenverlag.

Dragun, B., Zauke, G. (1992). **Wohnberatung für ältere Menschen.** Bundesministerium für Raumordnung, Bauwesen und Städtebau (Hrsg.). Bonn.

empirica (1997). **Wohnen mit Service.** Mairs Geographischer Verlag und Bundesgeschäftsstelle LBS im Deutschen Sparkassen- und Giroverband e.V. (Hrsg.). Bonn.

Eurolink Age (1997) (eds.). **Housing and Care.** The neglected cornerstone of independent living in old age. Report from a Eurolink Age Seminar. The Hague, 6-7 June 1966. London/Bruxelles.

Experimenteller Wohnungs- und Städtebau (ExWoSt) (1996). **ExWoSt - Informationen zum Forschungsfeld „Ältere Menschen und ihr Wohnquartier",** Nr. 04.12.

Großhans, H. (1987). Wohnen im Alter - Lebensumstände, Bedürfnisse, Architektur. Gesamtverband Gemeinnütziger Wohnungsunternehmen (Hrsg). **GGW-Materialien, 19**. Köln.

Großhans, H. (1994). Bestandsentwicklung für das Wohnen im Alter. In Bundesverband deutscher Wohnungsunternehmen (GdW) (Hrsg.). **Modernisierung und Entwicklung des Wohnungsbestandes, GdW Schrift 43** (S. 21-70). Köln.

Großhans, H. (1996). Integriertes Wohnen im Alter. Herausforderung an Kommunen und Wohnungswirtschaft. In **BBauBl., 8/96**, 607-611.

Großjohann, K. (1996). Familie, Staat, Wohlfahrtsverbände, Privatunternehmen - Wer sorgt für die Alten, und wem gehört die Altenhilfe? In Kuratorium Deutsche Altershilfe (Hrsg.). **Rund ums Alter** (S. 43-49). München: C.H. Beck`sche Verlagsbuchhandlung.

Grünewald, A., Mühlich-Klinger, J. (1996). Integriertes Wohnen in Kempten - Zwei Jahre Wohnerfahrung. In **BBauBl, 8/96**, 622-628.

Henning, C. (1995). **Wohnen und Betreuung älterer Menschen in Schweden**. Aktuelle Politik, Empfehlungen und Konzepte. Kuratorium Deutsche Altershilfe (Hrsg.). Schriftenreihe thema, 107. Köln.

Klie, T. (1997). **Ausgestaltung des Anwendungsbereiches des Heimgesetzes - Konsequenzen und Perspektiven für die Praxis**. Expertise im Auftrag der Sachverständigenkommission "2. Altenbereicht der Bundesregierung". Freiburg.

Krings - Heckemeier, M.-T., Beyenburg, J., Sinz, R., Weltzien, D. (1995). **Handbuch für Investoren - Altersgerechtes Wohnen**. Studien zur Wohnungs- und Vermögenspolitik. Bundesgeschäftsstelle Landesbausparkassen im Deutschen Sparkassen- und Giroverband e.V. (Hrsg.). Bonn.

Krings - Heckemeier, M.T. (1996). Service-Wohnen. In **BBauBl., 8/96**, 612-615.

Krings - Heckemeier, M.T. (1997). Seniorenimmobilien. In B. Heuer, A. Schüller (Hrsg.). **Spezialimmobilien** (S. 701-778). Erscheinungstermin 10/97. Köln.

Kremer-Preiß, U., Institut für Sozialforschung und Gesellschaftspolitik, Köln (1996). **Betreutes Wohnen in Altenwohnheimen und Altenwohnanlagen. Analyse der Betreuungsverträge**. Expertise im Auftrag der Sachverständigenkommission "2. Altenbericht der Bundesregierung". Köln.

Kuratorium Deutsche Altershilfe (1988) (Hrsg.). **Neue Konzepte für das Pflegeheim - auf der Suche nach mehr Wohnlichkeit**. Schriftenreihe vorgestellt, 46. Köln.

Kuratorium Deutsche Altershilfe (1994) (Hrsg.). **Qualitätsbegleitetes Planen und Arbeiten in der Altenhilfe**. 19 Workshops und Seminare zur Qualitätssicherung. Dokumentation einer Tagung des Kuratoriums Deutsche Altershilfe. Schriftenreihe Forum, 25. Köln.

Kuratorium Deutsche Altershilfe (1996) (Hrsg.). **Rund ums Alter.** München: C.H. Beck`sche Verlagsbuchhandlung.

Kuratorium Deutsche Altershilfe (1997a) (Hrsg.). **Empfehlungen zur Planung einer Pflege-abteilung.** Schriftenreihe vorgestellt, 44. (Neufassung in Vorbereitung). Köln.

Kuratorium Deutsche Altershilfe (1997b) (Hrsg.). **Hilfe und Pflege im Alter zu Hause.** Informationen und Ratschläge für die Betreuung und Versorgung zu Hause. Köln.

Kuratorium Deutsche Altershilfe (1997c) (Hrsg.). **Verbesserungen für die häusliche (familiäre) Pflege durch Wohnungsanpassung.** Dokumentation eines europäischen Workshops. GeroCare Report, 4/96. Köln.

Landesbausparkasse im Deutschen Sparkassen- und Giroverband e.V. Bonn (1993) (Hrsg.). **Altersgerechtes Wohnen. Antworten auf die demographische Herausforderung.** Teil E (S. 109-161). Bonn.

Landeswohlfahrtsverband Württemberg-Hohenzollern, Zentrale Beratungsstelle für Wohnungsanpassung im Alter und bei Behinderung Baden Württemberg (zbw) (1996) (Hrsg.). **Handbuch für die Wohnberatungsstellen in Baden-Württemberg.** Stuttgart.

Ministerium für Arbeit, Gesundheit und Soziales des Landes Nordrhein-Westfalen (1996a) (Hrsg.). **Leitfaden Wohnungsanpassung und Finanzierung.** Düsseldorf.

Ministerium für Arbeit, Gesundheit und Soziales des Landes Nordrhein-Westfalen (1996b) Hrsg.). **Vereinbarung über einen gemeinsamen Modellversuch zur pauschalen Förderung der Wohnberatung für Bürgerinnen und Bürger.** Düsseldorf.

Ministerium für Bauen und Wohnen des Landes Nordrhein-Westfalen (1995) (Hrsg.). **Neue Wohnformen für ältere Menschen - Voraussetzungen zum selbständigen Wohnen,** 7/95. Düsseldorf.

Möller, Th.: **"Normales" Wohnen.** Statement zum Expertenworkshop "Neue Wohnmodelle für das Alter" am 11./12. Juni 1997 in Bonn (Dokumentation in Vorbereitung).

Müller, M. (1993). **Neue Chancen für Gemeinschaftswohnprojekte von Jung und Alt.** Eine Dokumentation des Forums für Gemeinschaftliches Wohnen im Alter, Kuratorium Deutsche Altershilfe (Hrsg.) Schriftenreihe thema, 72. Köln.

Narten, R., Stolarz,H. (1994). **Wohnqualität im Alter.** Arbeitsgemeinschaft Wohnberatung e.V. (Hrsg.). Bonn.

Narten, R. (1995). **Konzept für ein Integriertes Wohnen Braunschweig-Aegidienviertel,** 5/95. Hannover: Büro für sozialräumliche Forschung und Beratung.

Narten, R., Fuhrig, A. (1997). **Wohnungen für betreute Wohngruppen alter Menschen. Nutzungsanalysen und Planungshinweise.** Forschungsprojekt im Auftrag des Bundesministeriums für Familie, Senioren, Frauen und Jugend. Hannover.

Niepel, G. (1995). **Effektivität und Effizienz von Beratung zur Wohnungsanpassung.** 2. Zwischenbericht zum Modellprojekt "Wohnraumanpassung" des Ministeriums für Arbeit, Gesundheit und Soziales des Landes Nordrhein-Westfalen (3. überarbeitete Fassung). Bielefeld.

Petersen, U. (1996). **Altern ohne festen Wohnsitz.** Eine Untersuchung der Lebensbedingungen und Möglichkeiten der Hilfen für ältere wohnungslose Menschen. Deutsches Zentrum für Altersfragen e.V. (Hrsg.). Beiträge zur Gerontologie und Altenarbeit. Berlin: DZA.

Petersen, U.. **Selbstverwaltete Wohn- und Haugemeinschaften.** Statement zum Expertenworkshop "Neue Wohnmodelle für das Alter" am 11./12. Juni 1997 in Bonn (Dokumentation in Vorbereitung).

Sachse A., Schubert H. (1996). **Beispielanalyse Mehrgenerationenwohnen.** Evaluation von Beispielen in ihrer Bedeutung für Zusammenleben, Hilfeaustausch und Solidarität der Generationen. Eine Studie im Auftrag des Bundesministeriums für Familie, Senioren, Frauen und Jugend (IES-Bericht 216.96). Hannover.

Schmidt, U. (1990). **Wahlfamilie - ein Modell für das Wohnen von Morgen.** Zürich.

Schmidt, E., Kruse, A., Olbrich, E. (1994). Formen der Selbständigkeit und Wohnumwelt. Ein empirischer Beitrag aus der Studie „Möglichkeiten und Grenzen der selbständigen Lebensführung im Alter". In **Zeitschrift für Gerontologie, Jg. 27, Heft 6,** 390-396. Darmstadt: Steinkopff.

Schneekloth, U., Potthoff, P. (1996). **Hilfe- und Pflegebedürftige in privaten Haushalten.** Endbericht zur Repräsentativerhebung im Forschungsprojekt "Möglichkeiten und Grenzen der selbständigen Lebensführung im Alter". Bundesministerium für Familie und Senioren (Hrsg.), Band 111.2. Stuttgart: Kohlhammer.

Siepmann, H., Willmann. Mülheimer Wohnungsbau (Gemeinnützige Wohnungsgenossenschaft) e.G. (o.J.). **Hilfen beim Wohnungstausch.** Modellversuch von 1991–1993. Mülheim an der Ruhr.

Singelenberg, J., Stolarz, H. (1997). **Wohnen ohne Barrieren.** Hintergrundinformationen und Fakten zu einem Internationalen Kongreß 1997 in Maastricht. Stuurgroep Experimenten Volkshuisvesting & Kuratorium Deutsche Altershilfe (Hrsg.). Rotterdam/Köln.

Stadt Baden-Baden (1995) (Hrsg.). **Dokumentation Ausstellung "Anders wohnen. Gemeinschaftliches Leben und Wohnen älterer Menschen in der Bundesrepublik Deutschland und Europa".** Baden-Baden.

Stadt Nürnberg, Referat für Jugend, Familie und Soziales (1996). **Kriterienkatalog/Gütesiegel Betreutes Wohnen.** Ein Leitfaden für Interessierte und Betroffene. Nürnberg.

Städtetag Baden-Württemberg, Gemeindetag Baden-Württemberg, Landeswohlfahrtsverband Baden, Landeswohlfahrtsverband Württemberg-Hohenzollern (1995) (Hrsg.) **Betreutes Wohnen für Senioren. Qualitätssiegel Baden-Württemberg.** Anforderungen - Prüfverfahren - Informationen. Karlsruhe.

Statistisches Bundesamt (1994). **8. koordinierte Bevölkerungsvorausschätzung**, Variante 2, KDA-Stud361.

Statistisches Bundesamt (1996a). Eigentum an Gebäuden mit Wohnraum mit sich darin befindenden Wohneinheiten/Wohnungen 1993. In **1% Gebäude- und Wohnungsstichprobe 1993.** Wiesbaden.

Statistisches Bundesamt (1996b). Eigentümer -und Hauptmieterhaushalte in Wohnungen in Wohngebäuden nach Alter der Bezugsperson. In: **1% Gebäude- und Wohnungsstichprobe 1993, Fachserie 5, Heft 3**, Tabelle 3.

Statistisches Bundesamt (1996c). Gebäude mit Wohnraum mit sich darin befindenden Wohneinheiten und Haushalten im Eigentum von Privatpersonen 1993. In **1% Gebäude- und Wohnungsstichprobe 1993.** Wiesbaden.

Stolarz, H. (1984). **Pilotprojekt "Altenwohnhaus" in Haltern.** Dokumentation des Wettbewerbsergebnisses. Kuratorium Deutsche Altershilfe (Hrsg.). Köln.

Stolarz, H. (1988). **Empfehlungen zur Planung einer Pflegeabteilung.** Kuratorium Deutsche Altershilfe (Hrsg.). Schriftenreihe vorgestellt, 44 (Neufassung in Vorbereitung). Köln.

Stolarz, H., Bottke, B. (1991). **Anpassungsinitiativen.** Dokumentation von Initiativen zur Anpassung der Wohnungen an die Bedürfnisse älterer Menschen. Kuratorium Deutsche Altershilfe (Hrsg.). Schriftenreihe thema, 39. Köln.

Stolarz, H. (1992). **Wohnungsanpassung - Maßnahmen zur Erhaltung der Selbständigkeit älterer Menschen.** Grundlagen und praktische Hinweise zur Verbesserung der Wohnsituation (2. Auflage). Kuratorium Deutsche Altershilfe (Hrsg.). Schriftenreihe Forum, 5. Köln.

Stolarz, H., Friedrich K., Winkel, R. (1993). Wohnen und Wohnumfeld im Alter. In Deutsches Zentrum für Altersfragen e.V. (DZA) (Hrsg.). **Expertisen zum ersten Altenbericht der Bundesrepublik, Band II** (S. 241 ff.). Berlin: DZA.

Stolarz, H., Winkel, R. (1996). **Zum Wohnbezug der Altenhilfe am Beispiel der Wohnsituation älterer Menschen in Ostdeutschland.** Kuratorium Deutsche Altershilfe (Hrsg.). Schriftenreihe thema, 116. Köln.

Stolarz, H. (1996). **Wohnungsanpassung - Kleine Maßnahmen mit großer Wirkung.** Kuratorium Deutsche Altershilfe (Hrsg.). Schriftenreihe vorgestellt, 57. Köln.

Tews, H. (1996). Betreutes oder Service-Wohnen. Wohnen und Versorgung in einem neuen Konzept. In Kuratorium Deutsche Altershilfe (Hrsg.). **Rund ums Alter** (S. 13-15). München: C.H. Beck'sche Verlagsbuchhandlung.

Weeber + Partner (1994) (Hrsg.). **Barrierefreie Erschließungssysteme von Wohngebäuden.** Stuttgart.

Weller, D.O. (1994). **Wirksamkeit und Grenzen von Wohnberatung - die Wohnberatungsstellen Baden-Württembergs.** Zentrale Beratungsstelle für Wohnungsanpassung im Alter und bei Behinderung Baden-Württemberg (zbw) (Hrsg.). Stuttgart.

Wheeler, R. (1985). **Don't Move: We've got you covered.** Institute of Housing. London.

Winkel, R. (1997). **Wohnberatung in Anbindung an die Sozialstationen der Freien Alten- und Nachbarschaftshilfe Ennepetal.** Bundesministerium für Familie, Senioren, Frauen und Jugend (BMFSFJ) (Hrsg.). Bonn.

Zentrale Beratungsstelle für Wohnungsanpassung im Alter und bei Behinderung Baden-Württemberg (zbw) (1995) (Hrsg.). **Grundsätze über Qualitätsanforderung, Leistungserbringung und Vergütung von Wohnberatung in Zusammenhang mit dem PflegeVG.** Stuttgart.

Literatur zu Kapitel V

ARGE Kirchhoff/Jacobs/Mezler (1990). Teil B: Wohnungswirtschaftliche und soziale Probleme und Maßnahmen. In Bundesministerium für Raumordnung, Bauwesen und Städtebau (BMBau) (Hrsg.). **Querschnittsuntersuchung: Städtebauliche Lösungen für die Nachbesserung von Großsiedlungen der '50er bis '70er Jahre.** Schriftenreihe BMBau. Bonn.

ARGE Kirchhoff/Jacobs (1992). **Altengerechte Wohnungen in Großsiedlungen. Kostengünstige Lösungen für die Anpassung von Großsiedlungen der '60er und '70er Jahre an die Wohnungsbedürfnisse älterer Menschen.** Forschungsarbeit im Auftrag des BMBau. Hamburg: Metzler.

Bundesverband deutscher Wohnungsunternehmen (GdW) (1995) (Hrsg.). **Wohnungsmanagement 2000.** Neue Anforderungen an Management und Führungsqualifikationen angesichts neuer Geschäftsfelder und Dienstleistungsfunktionen in der Wohnungswirtschaft. GdW-Schrift, 45. Köln.

Bundesforschungsanstalt für Landeskunde und Raumordnung (BfLR) (1992) (Hrsg.). **Quartierbezogene Freizeitbedürfnisse älterer Menschen.** Materialien zur Raumentwicklung, Heft 46. Sondergutachten zu einem Forschungsfeld des Experimentellen Wohnungs- und Städtebaus "Ältere Menschen und ihr Wohnquartier". Bonn: BfLR.

Bundesministerium für Raumordnung, Bauwesen und Städtebau (BMBau) (1988) (Hrsg.). **Städtebaulicher Bericht Neubausiedlungen der '60er und '70er Jahre. Probleme und Lösungswege.** Bonn.

Bundesministerium für Raumordnung, Bauwesen und Städtebau (BMBau) (1994) (Hrsg.). **Großsiedlungsbericht der Bundesregierung.** BR-Drucksache 867/94. Bonn.

Bundesministerium für Jugend, Familie, Frauen und Gesundheit (BMJFFG) (1986) (Hrsg.). **Vierter Familienbericht. Die Situation der älteren Menschen in der Familie.** BT-Drucksache 10/6145. Bonn: Bonner Universitätsdruckerei.

Borchers, A. (1997). **Soziale Netzwerke älterer Menschen.** Expertise im Auftrag der Sachverständigenkommission "2. Altenbericht der Bundesregierung". Hannover.

Bura, J, Kayser, B. (1992). **Miteinander Wohnen - Wohnprojekte für Jung und Alt.** Dokumentation eines Sondergutachtens zum Forschungsfeld "Ältere Menschen und ihr Wohnquartier" im Rahmen des experimentellen Wohnungs- und Städtebaus des Bundesministeriums für Raumordnung, Bauwesen und Städtebau. Darmstadt: Verlag für wissenschaftliche Publikationen (VWP).

Dietzel-Papakyriakou, M., Olbermann, E. (1997). **Wohnsituation älterer Migranten in Deutschland.** Expertise im Auftrag der Sachverständigenkommission "2. Altenbericht der Bundesregierung". Essen.

Eichener, V., Berendt, U. (1995). **Einstellung der Mieter zur Privatisierung. Ergebnisse einer Intensivbefragung in den neuen Bundesländern.** Institut für Wohnungswesen, Immobilienwirtschaft, Stadt- und Regionalentwicklung -Bericht 2/95. Bochum.

Experimenteller Wohnungs- und Städtebau (ExWoSt) (1992). **Räumliche Integration quartiersbezogener Dienstleistungen.** ExWoSt - Information Forschungsfeld: "Ältere Menschen und ihr Wohnquartier", Nr. 8, 3/92. Bonn.

Gesamtverband der Wohnungswirtschaft ev. (GdW) (1994) (Hrsg.). **Modernisierung und Entwicklung des Wohnungsbestandes - Ziele, Verfahren, Standards, Technik, Kosten, Akzeptanz,** GdW-Schrift, 43. Köln.

Großhans, H. (1986). Entwicklung älterer Wohnsiedlungen an die Nachfrage der '90er Jahre, insbesondere unter Berücksichtigung der Lebensbedürfnisse älterer Menschen. In **Nachrichtendienst des Deutschen Vereins für öffentliche und private Fürsorge, Heft 6/86,** 179-182. Frankfurt/Main.

Großhans, H. (1988). Struktur und Gestaltung des Wohnumfeldes für das Wohnen im Alter. In I. Flagge, C. Steckeweh (Hrsg.). **Wohnen im Alter. Dokumentation des 1. Deutschen Fachkongresses vom 9.-11.5.1988 in Friedrichshafen (S. 64-76).** Bonn.

Großhans, H., Feldmann, U. (1993). Arbeitsmappe örtliche Sozialplanung. Leitfaden für die neuen Bundesländer. In Deutscher Verein für öffentliche und private Fürsorge (Hrsg.). **Texte und Materialien 7.** Frankfurt.

Großhans, H. (1996). Unternehmerische Sozialplanung als Grundlage und im Rahmen des sozialen Managements von Wohnungsunternehmen - Ein erster Versuch. GdW (Hrsg.). **Wohnen PLUS, GdW Papier 1.** Köln.

Großhans, H. (1997). **Humanisierung der Großen Siedlungen. Herausforderungen, Ansätze und Leistungsbeiträge der gemeinnützig orientierten unternehmerischen Wohnungswirtschaft in den neuen Bundesländern.** GdW Informationen, 50. Köln.

Hermann, H., u.a. (GEWOS Hamburg) (1990). Teil A: Städtebauliche und bauliche Probleme und Maßnahmen. In Bundesministerium für Raumordnung, Bauwesen und Städtebau (BMBau) (Hrsg.). **Querschnittsuntersuchung: Städtebauliche Lösungen für die Nachbesserung von Großsiedlungen der 50er bis 70er Jahre.** Schriftenreihe BMBau. Bonn.

Institut für Wohnungswesen, Immobilienwirtschaft, Stadt- und Regionalentwicklung (InWIS) (1997). **Dokumentation "Wohnen im Alter". Bemerkenswerte Handlungsansätze und realisierte Projekte in Deutschland.** Expertise im Auftrag der Sachverständigenkommission "2. Altenbericht der Bundesregierung". Bochum.

Kliemke, C. (1991). **Hilfe für ältere Menschen - Aspekte der Stadtplanung in Deutschland Ost und West.** Vortrag beim 3. Deutschen Fachkongreß "Wohnen im Alter" am 27.-29.5.1991 in Ulm.

Kreibich, V. u. B., Ruhl, G. (1987). **Aktionsraum - Forschung in der Landes- und Regionalplanung. Entwicklung eines Raum-Zeit-Modells.** Minister für Umwelt, Raumordnung und Landwirtschaft NW (Hrsg.). Schriftenreihe Landesentwicklung, Bd. 1.041. Dortmund.

Küster, C. (1997). **Zeitverwendung und Wohnen im Alter.** Expertise im Auftrag der Sachverständigenkommission "2. Altenbericht der Bundesregierung". Hannover.

Landeshauptstadt Dresden, Sozialamt. (1995). (Hrsg.). **Lebenslagen Dresdner Bürger ab 50 Jahren.** Ausgewählte Ergebnisse einer repräsentativen Umfrage im Herbst 1994. Beiträge zur Sozialplanung, 012. Dresden.

Mollenkopf, H., Flaschenträger P., Steffen, W. (1997). **Wohnen und Mobilität Älterer.** Expertise im Auftrag der Sachverständigenkommission "2. Altenbericht der Bundesregierung". Berlin.

Pfitzmann, Th., Schmidt, H.H. (1987). **Freizeit und Freizeitaktivitäten im Alter.** Ein sozialempirischer Beitrag zur Lebenssituation älterer Menschen in Hamburg. Behörde für Arbeit, Jugend und Soziales der Freien und Hansestadt Hamburg (Hrsg.). Bericht und Dokumente, Nr. 841. Hamburg.

Rietdorf, W., u.a.. (1991). **Vitalisierung von Großsiedlungen.** Expertise. Informationsgrundlagen zum Forschungsthema städtebauliche Entwicklung von Neubausiedlungen in den fünf neuen Bundesländern. Bundesminister für Raumordnung, Bauwesen und Städtebau (BMBau) (Hrsg.). Bonn.

Schubert, H. (1996). **Regionale Unterschiede von Alterungsprozessen und strukurellen Rahmenbedingungen.** Zum systematischen Zusammenhang von Altersstrukturenentwicklung, Wohnungsbedarf und regionalen Handlungsmöglichkeiten. Expertise im Auftrag der Sachverständigenkommission "2. Altenbericht der Bundesregierung". Hannover.

Schweitzer R., von (1996). **Lebenslagen der Generationen in den alten und neuen Bundesländern - Zur Verschiedenheit der Wohnbedürfnisse.** Expertise im Auftrag der Sachverständigenkommission "2. Altenbericht der Bundesregierung". Gießen.

Thränhard, D., u.a.. Institut für Politikwissenschaften, Universität Münster (1994). **Ausländerinnen und Ausländer in Nordrhein-Westfalen.** Ministerium für Arbeit, Gesundheit und Soziales Nordrhein-Westfalen (Hrsg.). Landessozialbericht, Bd. 6. Düsseldorf.

Weeber, R.; Hörmle, G. (1997). **Barrierefreies Wohnen für ältere Menschen, insbesondere mit Blick auf Wohngemeinschaften.** Expertise im Auftrag der Sachverständigenkommission "2. Altenbericht der Bundesregierung". Stuttgart.

Wetzels, P. u.a. (1995). **Kriminalität im Leben alter Menschen.** Eine altersvergleichende Untersuchung von Opfererfahrungen, persönlichem Sicherheitsgefühl und Kriminalitätsfurcht. Ergebnisse der KFN-Opferbefragung 1992. Bundesministerium für Familie, Senioren, Frauen, und Jugend (BMFSFJ) (Hrsg.). Schriftenreihe Bd. 105. Stuttgart/Berlin/Köln: Kohlhammer.

Wischer, R., Kliemke, Ch.. Institut für Krankenhausbau Technische Universität Berlin (1988). **Zur Situation der alten Menschen in ihrem räumlichen Umfeld.** Expertise im Auftrag des Bundesministerium für Raumordnung, Bauwesen und Städtebau zur Vorbereitung des Symposiums am 18./19.1.1988 (als Manuskript gedruckt). Berlin.

Wissenschaftszentrum Berlin (WZB). Arbeitsgruppe Sozialberichterstattung (1989). Wandel von Lebensformen. Entsolidarisierung durch Individualisierung? In **WZB-Mitteilungen, Nr. 44, 6/89,** 15-19. Berlin: WZB.

Zentrum für Türkeistudien (1997). **Regionale Unterschiede der Wohnverhältnise älterer Migranten in Deutschland.** (Bearbeiter: K. Schneiderheinze). Expertise im Auftrag der Sachverständigenkommission "2. Altenbericht der Bundesregierung". Essen.

Literatur zu Kapitel VI

Ältere Menschen im Straßenverkehr. Kolloquium der TÜV-Akademie Rheinland am 30. November 1989 in Köln-Poll. Köln: Verlag TÜV Rheinland.

Baltes, M.M., Carstensen, L.L. (1996a). Gutes Leben im Alter: Überlegungen zu einem prozeßorientierten Metamodell erfolgreichen Alterns. In **Psychologische Rundschau, 47,** 199-215.

Baltes, M.M., Carstensen, L.L. (1996b). The process of successful aging. In **Aging and Society, 16,** 397-422.

Baltes, M.M., Sowarka, D. (1993). Gerontopsychologie. In A. Schorr (Hrsg.). **Handwörterbuch der Angewandten Psychologie: die Angewandte Psychologie in Schlüsselbegriffen** (S. 284-290). Bonn: Deutscher Psychologen Verlag.

Baltes, P.B., Baltes, M.M. (1990). Psychological perspectives on successful aging: The model of selective optimization with compensation. In P.B. Baltes, M.M. Baltes (Eds.). **Successful aging: Perspectives from the bahavioral sciences** (pp. 1-34). New York: Cambridge University Press.

Baltes, P.B., Baltes, M.M. (1992). Gerontologie: Begriff, Herausforderung und Brennpunkte. In P.B. Baltes, J. Mittelstraß (Hrsg.). **Zukunft des Alterns und gesellschaftliche Entwicklung** (S.1-34). Berlin: de Gruyter.

Baltes, P.B., Lindenberger, U., Staudinger, U.M. (1995). Die zwei Gesichter der Intelligenz im Alter. In **Spektrum der Wissenschaft, 10/95,** 52-61.

Birren, J.E. (1991). Aging and speed of behavior. In E. Lang, K. Arnold (Hrsg.). **Altern und Leistung: medizinische, psychologische und soziale Probleme. Referate der 4. Informationsmedizinischen Tage in Hamburg, 1989** (S. 113-128). Stuttgart: Ferdinand-Enke-Verlag.

Birren, J.E., Cunningham, W.R., Yamamoto, K. (1983). Psychology of adult development and aging. In **Annual Review of Psychology, 34,** 543-575.

Bundesministerium für Gesundheit (1996) (Hrsg.). **Verbesserung von visuellen Informationen im öffentlichen Raum.** Handbuch für Planer und Praktiker zur bürgerfreundlichen und behindertengerechten Gestaltung des Kontrasts, der Helligkeit, der Farbe und der Form von optischen Zeichen und Markierungen in Verkehrsräumen und in Gebäuden. Bad Homburg v.d.H.: FMS Fach Media Service.

Bundesministerium für Verkehr (1992a) (Hrsg.). **Niederflur-Verkehrssystem: Gestaltung von Haltestellen in den alten und neuen Bundesländern.** Reihe direkt: Verbesserung der Verkehrsverhältnisse in den Gemeinden des Bundesministeriums für Verkehr, Bonn, Heft 46. Frankfurt: FMS.

Bundesministerium für Verkehr (1992b) (Hrsg.). **Bürgerfreundliche und behindertengerechte Gestaltung des Straßenraums.** Reihe direkt: Verbesserung der Verkehrsverhältnisse in den Gemeinden des Bundesministeriums für Verkehr, Bonn, Heft 47. Frankfurt: FMS.

Bundesministerium für Verkehr (Hrsg.) (1994). **Empfehlungen zur flächenhaften Verkehrsberuhigung städtischer Teilgebiete.** Reihe direkt: Verbesserung der Verkehrsverhältnisse in den Gemeinden des Bundesministeriums für Verkehr, Bonn, Heft 48. Frankfurt: FMS.

Echterhoff, W. (1981). **Erfolgskontrolle zur Verhaltensbeeinflussung von Verkehrsteilnehmern: Grundlagen und Empfehlungen.** Köln: TÜV Rheinland.

Echterhoff, W. (1991). **Verkehrspsychologie. Entwicklung, Themen, Resultate.** Köln: Verlag TÜV Rheinland. Bonn: Deutscher Psychologen Verlag.

Echterhoff, W. (1992). **Erfahrungsbildung von Verkehrsteilnehmern.** Forschungsberichte der Bundesanstalt für Straßenwesen, Bd. 254. Aachen: Verlag Mainz.

Echterhoff, W., Jost, M. (1995). **Sicherheitsorientierung am Kunden.** Sicherheit als Kundenservice im ÖPNV. Dokumentation zur Fachtagung am 15. und 26. Januar 1995 in Köln. Köln: mobilité Unternehmens- und Kommunalberatung GmbH.

Flade, A. (1994). Wohnbedingungen und Lebensqualität im Alter. Eine psychologische Analyse. In **Die Wohnwirtschaft, Heft 10,** 596-600.

Fleischmann, U.M. (1989). **Gedächtnis im Alter. Multivariate Analysen zum Gedächtnis alter Menschen.** Bern: Huber.

Förster, H.J. (1990). Anpassung der Automobiltechnik an die Bedürfnisse alter Menschen. In **Ältere Menschen im Straßenverkehr.** Kolloquium des Instituts für Verkehrssicherheit, TÜV Rheinland e.V.. Veranstaltung der TÜV-Akademie Rheinland am 30. November 1989 in Köln-Poll (S. 125-154). Köln: Verlag TÜV Rheinland.

Hartenstein, W., Weich, G.-U. (1993). Mobilität und Verkehrsmittelwahl. In B. Schlag, **Verkehrssicherheit älterer Menschen. Mobilität erhalten und fördern:** Bericht und Dokumentation zum Fachkongreß (S. 34-39). Bonn: Deutscher Verkehrssicherheitsrat.

Herberg, K.W. (1990). Veränderungen der sicherheitsrelevanten Leistungsfähigkeit mit dem Lebensalter. In TÜV Rheinland (Hrsg.). **Ältere Menschen im Straßenverkehr.** Kolloquium des Instituts für Verkehrssicherheit, TÜV Rheinland e.V. Veranstaltung der TÜV-Akademie Rheinland am 30. November 1989 in Köln-Poll (S. 43-71). Köln: Verlag TÜV Rheinland.

Hills, B.L. (1980). Vision, visibility and perception in driving. In **Perception, 9,** 183-216.

Horn, J.L., Donaldson, G. (1980). Cognitive development in adulthood. In O. G. Brim, jr., J. Kagan (Eds.). **Constancy and change in human development** (pp. 445-529). Cambridge, MA: Harvard University Press.

Kiphard, E.J. (1983). Veränderungen der Psychomotorik im Alter. In **Motorik, 6.** 95-103.

Klewe, H. (1995). **ILS-Monatsbericht Mai / Juni 1995.** Dortmund: Institut für Landes- und Stadtentwicklungsforschung.

Mayer, K.U., Baltes, P.B. (1996) (Hrsg.). **Die Berliner Altersstudie.** Berlin: Akademie Verlag.

MConsult (1997). **Mobilitätsabhängigkeit älterer Menschen in der Region München.** Expertise im Auftrag der Sachverständigenkommission "2. Altenbericht der Bundesregierung". München.

Mollenkopf, H., Flaschenträger, P., Steffen, W. (1997). **Wohnen und Mobilität Älterer.** Expertise im Auftrag der Sachverständigenkommission "2. Altenbericht der Bundesregierung". Berlin.

Olbrich, E. (1992). Das Kompetenzmodell des Alterns. In J. Dettbarn-Reggentin, H. Reggentin (Hrsg.). **Neue Wege in der Bildung Älterer. Band 1: Theoretische Grundlagen und Konzepte** (S. 53-61). Freiburg: Lambertus.

Plude, D.J., Hoyer, W.J. (1985). Attention and performance: identifying and localizing age deficits. In N. Charness (Eds.). **Aging and human performance** (pp.47-100). Chicester: John Wiley & Sons.

Ranney, T.A., Simmons, L.A. (1992). **The effects of age and target location uncertainty on decision making in a simulated driving task. Proceedings of the Human Factors Society 36th Annual Meeting, 30,** 166-170.

Regionalisierungsgesetz (1996). Originalbezeichnung: **Gesetz zur Regionalisierung des öffentlichen Personennahverkehrs,** verkündet als Artikel 4 des Eisenbahnneuordnungsgesetzes vom 27.12.1993 (BGBl. I S. 2378).

Scialfa, C.T., Kline, D.W., Lyman, B.J., Kosnik, W. (1987). **Age differences in judgements of vehicle velocity and distance. Proceedings of the Human Factors Society 31st Annual Meeting,** 558-561.

Staplin, L., Fisk, A.D. (1991). A cognitive engineering approach to improving signalized left turn intersections. In **Human factors, 33,** 559-571.

Statistisches Bundesamt (1995). **Unfälle von Senioren im Straßenverkehr 1994.** (Auszug aus der Fachserie 8, Reihe 7 „Verkehrsunfälle 1994"). Stuttgart: Metzler-Poeschel.

Technische Universität Dresden. Lehrstuhl Verkehrs- und Infrastrukturplanung (1994). **System repräsentativer Verkehrsbefragungen (SrV). Befragungsdurchgang 1994.** Dresden.

Thomae, H., Knorr, D., Mathey, F.J. (1977). **Einstellungen und Verhaltensweisen älterer Fußgänger in der Großstadt. Ein Beitrag zur Unfallforschung.** Bundesministers für Jugend, Familie und Gesundheit (Hrsg). Schriftenreihe Band 43. Stuttgart: Kohlhammer.

Verband Deutscher Verkehrsunternehmen (1996). **Öffentlicher Personennahverkehr im Urteil der Bevölkerung 1996.** Köln: Verband Deutscher Verkehrsunternehmen.

Weinert, F.E. (1994). Was man will und was man kann. Fähigkeiten und Überforderungen im höheren Lebensalter. In **Universitas, 49 (6), 545-555.**

Literatur zu Kapitel VII

Baltes, M.M., Maas, I., Wilms, H.U., Borchelt, M. (1996). Alltagskompetenz im Alter: Theoretische Überlegungen und empirische Befunde. In K.U. Mayer, P.B. Baltes (Hrsg.). **Die Berliner Altersstudie** (S. 525-542). Berlin: Akademie-Verlag.

Baltes, M.M., Mayr, U.K., Borchelt, M., Maas, I., Wilms, H.-U. (1993). Everyday competence in old and very old age. An interdisciplinary perspective. In **Ageing and Society, 13,** 657-680.

Blosser-Reisen, L. (1990). Selbständige Lebens- und Haushaltsführung bei Behinderungen im Alter mit Hilfe neuer Technologien. In **Zeitschrift für Gerontologie, 23,** 3-11.

Kruse, A. (1995a). Das geriatrische Team in der ambulanten Rehabilitation: Ergebnisse aus einer Längschnittstudie zu Effekten der ambulanten Rehabilitation. In **Zeitschrift für Gerontologie und Geriatrie, 28,** 56-65.

Kruse, A. (1995b). Menschen im Terminal-Stadium und ihre betreuenden Angehörigen als "Dyade": Wie erleben sie die Endlichkeit des Lebens, wie setzen sie sich mit dieser auseinander? - Ergebnisse einer Längsschnittstudie. In **Zeitschrift für Gerontologie und Geriatrie, 28,** 154-163.

Kruse, A. (1996a). Geriatrie - Gesundheit und Kompetenz im Alter. Aufgaben der Prävention und Rehabilitation. In P.J. Allhoff, J. Leidel, G. Ollenschläger, P. Voigt (Hrsg.). **Handbuch der Präventivmedizin** (S. 601-628). Heidelberg: Springer.

Kruse, A., Schmitt, E. (1995a). Formen der Selbständigkeit in verschiedenen Altersgruppen: Empirische Analyse und Deskription der Aktivitätsprofile. In **Zeitschrift für Gerontopsychologie und -psychiatrie, 8,** 227-236.

Kruse, A., Schmitt, E. (1997). Die psychische Situation hilfsbedürftiger Menschen - eine ressourcenorientierte Sicht. In **Zeitschrift für Klinische Psychologie** (im Druck).

Küster, C. (1997). **Zeitverwendung und Wohnen im Alter.** Expertise im Auftrag der Sachverständigenkommisssion "2. Altenbericht der Bundesregierung". Hannover.

Lehr, U. (Hrsg.) (1979). **Interventionsgerontologie.** Darmstadt: Steinkopff.

Lehr, U., Thomae, H. (1991). **Alltagspsychologie**. Darmstadt: Wissenschaftliche Buchgesellschaft.

Olbrich, E. (1995). Möglichkeiten und Grenzen selbständiger Lebensführung im Alter. In **Zeitschrift für Gerontopsychologie und -psychiatrie, 8**, 183-198.

Oster, P., Schlierf, G. (1997). Die gesundheitliche Situation älterer Menschen. In A. Kruse (Hrsg.). **Jahrbuch der Medizinischen Psychologie. Psychosoziale Gerontologie. Bd. I: Grundlagen** (S. 43-54). Göttingen: Hogrefe.

Saup, W. (1993). **Alter und Umwelt**. Stuttgart: Kohlhammer.

Schäuble, G. (1989). **Die schönsten Jahre des Lebens? Lebenslagen und Alltagsrhythmen von jungen Alten**. Stuttgart: Enke.

Schmitt, E., Kruse, A., Olbrich, E. (1994). Wohnen im Alter - Zusammenhänge zwischen Selbständigkeit und Qualität des Wohnumfeldes. Empirische Beiträge aus der Studie "Möglichkeiten und Grenzen selbständiger Lebensführung im Alter". In **Zeitschrift für Gerontologie, 27**, 390-398.

Steinhagen-Thiessen, E., Gerok, W., Borchelt, M. (1992). Innere Medizin und Geriatrie. In P.B. Baltes, J. Mittelstraß (Hrsg.). **Zukunft des Alterns und gesellschaftliche Entwicklung** (S. 124-150). Berlin: de Gruyter.

Tesch-Römer, C. (1997). Schwerhörigkeit im Alter: Ist die Bewältigung von Kommunikationsbehinderung möglich? In A. Kruse (Hrsg.). **Jahrbuch der Medizinischen Psychologie. Psychosoziale Gerontologie. Bd. 2: Intervention**. Göttingen: Hogrefe (im Druck).

Wahl, H.-W. (1993). Kompetenzeinbußen im Alter: Eine Auswertung der Literatur zu "Activities of daily living" und Pflegebedürftigkeit. In **Zeitschrift für Gerontologie, 26**, 366-377.

Wahl, H.-W. (1997). **Ältere Menschen mit Sehbeeinträchtigungen. Eine empirische Untersuchung zur Person-Umwelt-Transaktion**. Bern: Lang.

Wahl, H.-W., Saup, W. (1994). Ökologische Gerontologie: mehr als die Docility-Hypothese? In **Zeitschrift für Gerontologie, 27**, 347-354.

Literatur zu Kapitel VIII

Bundesministerium für Familie, Senioren, Frauen und Jugend (BMFSFJ) (1993) (Hrsg.). **Erster Altenbericht. Die Lebenssituation älterer Menschen in Deutschland**. Bonn: Bonner Universitätsdruckerei.

Bundesforschungsanstalt für Landeskunde und Raumordnung (1996) (BfLR). **Mitteilungen und Informationen (5)**, 6-8.

Bundesregierung (1996). **Wohngeld- und Mietenbericht**. Bonn.

Deutsche Bundesbank (1996). **Monatsberichte (4)**, 35-42.

Deutscher Bundestag (1994). **Zwischenbericht der Enquete-Kommission Demographischer Wandel. Herausforderung unserer älter werdenden Gesellschaft an den einzelnen und die Politik.** Bonn: Bonner Universitätsdruckerei.

Deutscher Bundestag (1996). **Antwort der Bundesregierung auf die Große Anfrage der Abgeordneten Ottmar Schreiner, Gerd Andres, Doris Barnett, weiterer Abgeordneter und der Fraktion der SPD - Drucksache 13/2406 - Entwicklung der Vermögen und ihrer Verteilung.** Drucksache 13/3885 vom 28.02.96. Bonn.

Deutsches Institut für Wirtschaftsforschung (DIW) (1996). Wohnungsmieten in Deutschland im Jahr 1995. In **Wochenbericht 22-23/96**, 379-386.

Eggen, B. (1997). Familiale und ökonomische Lage älterer Deutscher und Ausländer. In K. Eckart, S. Grundmann (Hrsg.). **Demographischer Wandel in der europäischen Dimension und Perspektive** (S. 83-110). Berlin: Duncker & Humblot.

Expertenkommission Wohnungspolitik (1995). **Wohnungspolitik auf dem Prüfstand.** Im Auftrag der Bundesregierung verfaßt. Tübingen: Mohr.

Expertenkommission Wohnungspolitik (1995a). **Wohnungspolitik für die neuen Länder.** Im Auftrag der Bundesregierung verfaßt. Tübingen: Mohr.

Fachinger, U. (1996). **Einkommen und Vermögen älterer Haushalte**. Köln: Kölnische Rück.

Gebhardt, K., Thiede, R. (1995). Alterssicherung in Deutschland. In **Die Angestelltenversicherung 42 (11)**, 381-386.

Hauser, R., Becker, I. (1996). Zur Entwicklung der personellen Verteilung der Einkommen in West- und in Ostdeutschland 1973 bzw. 1990 bis 1994. In **Sozialer Fortschritt 45 (12)**, 285-293.

Hauser, R., Wagner, G. (1994). Altern und soziale Sicherung. In P.B. Baltes et al. (Hrsg.). **Alter und Altern: Ein interdisziplinärer Studientext zur Gerontologie** (S. 581-613). Berlin: Akademie Verlag.

Hauser, R., Wagner, G. (1996). Die Einkommensverteilung in Ostdeutschland - Darstellung, Vergleich und Determinanten für die Jahre 1990 bis 1994. In R. Hauser (Hrsg.). **Sozialpolitik im vereinten Deutschland III** (S. 79-127). Berlin: Duncker & Humblot.

Hauser, R. et al. (1996). **Ungleichheit und Sozialpolitik.** Opladen: Leske+Budrich.

Hertel, J. (1997). Einnahmen und Ausgaben der privaten Haushalte 1993. In **Wirtschaft und Statistik (1)**, 45-58.

Hinrichs, W. (1994). Wohnsituation von Rentnerhaushalten in den neuen Bundesländern. In **Arbeit und Sozialpolitik 48 (9/10)**, 41-49.

Infratest Burke Sozialforschung (1997). **Alterssicherung in Deutschland 1995 (ASiD '95). Schnellbericht.** München.

Klebula, D., Semrau, P. (1997). Meist aus mehreren Quellen. In **Bundesarbeitsblatt (2)**, 5-10.

Lang, O. (1994). Die Einkommens- und Vermögensverhältnisse künftiger Altengenerationen in Deutschland. In Enquete-Kommission „Demographischer Wandel". Deutscher Bundestag (1996) (Hrsg.). **Herausforderungen unserer älter werdenden Gesellschaft an den einzelnen und die Politik. Studienprogramm. Bd. I.** (S. 57-249). Heidelberg: R. v. Decker's Verlag.

Meurer, A. (1995). Rentenangleichung in den neuen und alten Bundesländern. In **Soziale Sicherheit 44 (11)**, 401-407.

Münnich, M. (1997). Zur wirtschaftlichen Lage von Ein- und Zweipersonenrentnerhaushalten. Ergebnis der Einkommens- und Verbrauchsstichprobe 1993. In **Wirtschaft und Statistik, H. 2**, 120-135.

Motel, A., Wagner, M. (1993). Armut im Alter? Ergebnisse der Berliner Altersstudie zur Einkommenslage alter und sehr alter Menschen. In **Zeitschrift für Soziologie 22 (6)**, 433-448.

Scheewe, P. (1996). Wohnverhältnisse älterer Menschen. In **Wirtschaft und Statistik (4)**, 228-238.

Schmähl, W. (1993). Mindestsicherung im Alter: Einführung und Überblick. In W. Schmähl (Hrsg.). **Mindestsicherung im Alter** (S. 9-26). Frankfurt a.M./New York: Campus.

Schmähl, W., Fachinger, U. (1996). Einkommen und Vermögen älterer Haushalte. In D. Farny et al. (Hrsg.). **Lebenssituation älterer Menschen** (S. 93-124). Berlin: Duncker & Humblot.

Schmähl, W. (1997). Armut und Reichtum. Einkommen und Konsumverhalten älterer Menschen. In DIFF (Hrsg.). **Funkkolleg Altern. Studienbrief 5. Studieneinheit 13** (S. 1-56). Tübingen: TC Druck.

Schulz-Nieswandt, F. (1996a). **Zur Theorie der personalen Existenz des alten Menschen.** Berlin: Deutsches Zentrum für Altersfragen (DZA).

Schulz-Nieswandt, F. (1996b). **Altern - aus (sozial-)ökonomischer Sicht.** Diskussionspapiere aus dem Deutschen Zentrum für Altersfragen (DZA), 2. Aufl. Berlin: DZA.

Seewald, H. (1997). Wohngeld in den neuen Ländern und Berlin-Ost 1995. In **Wirtschaft und Statistik (2),** 114-119.

Wagner, G., Motel, A., Spieß, K., Wagner, M. (1996). Wirtschaftliche Lage und wirtschaftliches Handeln alter Menschen. In K.U. Mayer, P.B. Baltes (Hrsg.). **Die Berliner Altersstudie** (S. 277-299). Berlin: Akademie Verlag.

Literatur zu Kapitel IX

Bertram, H. (1995). Regionale Vielfalt und Lebensform. In ders. (Hrsg.). **Das Individuum und seine Familie** (S. 157-195). Opladen: Leske+Budrich.

Birk, H., Flöthmann, E.-J. (1995). Siedlungsbiographie, räumliche Mobilität und familiale Entwicklung. In Akademie für Raumforschung und Landesplanung. **Siedlungsstruktur und Bevölkerungsentwicklung. Arbeitsmaterial Nr. 219** (S. 90-114). Hannover.

Blanke, K. et al. (1996). **Zeit im Blickfeld. Ergebnisse einer repräsentativen Zeitbudgeterhebung.** Schriftenreihe des Bundesministeriums für Familie, Senioren, Frauen und Jugend Band 121. Stuttgart u.a.: Kohlhammer.

Borchers, A. (1997a). **Die Sandwich-Generation. Ihre zeitlichen und finanziellen Leistungen und Belastungen.** Frankfurt a.M./New York: Campus.

Borchers, A. (1997b). **Soziale Netzwerke älterer Menschen.** Expertise im Auftrag der Sachverständigenkommission "2. Altenbericht der Bundesregierung". Hannover.

Borchers, A., Miera, St. (1993). **Zwischen Enkelbetreuung und Altenpflege. Die mittlere Generation im Spiegel der Netzwerkforschung.** Frankfurt a.M./New York: Campus.

Breuer, G. et al. (1995). **Wohnen im Alter - zuhause im Wohnquartier.** Bundesministerium für Raumordnung, Bauwesen und Städtebau (Hrsg.). Bonn.

Dinkel, R.H. et al. (1997). Langfristige Veränderungen in der Verfügbarkeit häuslicher Unterstützungspotentiale aufgrund familiärer Strukturverschiebungen - Eine Modellrechnung. In **Das Gesundheitswesen 59,** 49-54.

Kossen-Knirim, Chr., Forschungsgesellschaft für Agrarpolitik und Agrarsoziologie (1992). **Kontakte und Hilfen zwischen Alt und Jung. Konflikt und emotionale Nähe.** Eine Untersuchung der emotionalen Beziehung zwischen der mittleren und der älteren Generation in Stadt-/Landfamilien. Bonn.

Küster, Chr. (1996). **Zeitverwendung und Wohnen im Alter.** Expertise im Auftrag der Sachverständigenkommission "2. Altenbericht der Bundesregierung". Hannover.

Motel, A. (1997). Finanzielle Leistungen der Älteren an ihre Kinder. In D. Grunow et al. (Hrsg.). **Leistungen und Leistungspotentiale älterer Menschen. Bilanz und Perspektive des intergenerationalen Lastenausgleichs in Familie und sozialem Netz** (S. 16-30). Duisburg: Gerhard-Mercator-Universität (Duisburger Beiträge zur Soziologischen Forschung 2).

Schubert, H.J. (1990). Wohnsituation und Hilfenetze im Alter. In **Zeitschrift für Gerontologie, 23. Jg.,** 12-22. Darmstadt: Steinkopff.

Schubert, H. J. (1992). **Hilfenetze älterer Menschen. Ergebnisse einer egozentrierten Netzwerkanalyse im ländlichen Raum.** IES-Berichte 205.92. Hannover: Institut für Entwicklungsplanung und Strukturforschung.

Wagner, M. et al. (1996). Soziale Beziehungen alter Menschen. In K. Mayer, P.B. Baltes (1996) (Hrsg.). **Die Berliner Altersstudie** (S. 301-319). Berlin: Akademie Verlag.

Wnuck, A. (1987). Familie und soziale Netzwerke: Konstitution und Leistung informeller Netzwerke von Kindern, Jugendlichen und Eltern. In R. Bubert et al. **Soziale Netzwerke und Gesundheitsförderung: Risiken und Bewältigungsformen von Eltern und Jugendlichen.** Gesamttitel: Materialien zum 7. Jugendbericht, Bd. 4 (S. 7-147). München: Deutsches Jugendinstitut.

Literatur zu Kapitel X

Braun, H., Geissler, S., Wedmann, E. (1989). **Programm Wohnungsanpassung für ältere Menschen. Erfahrungsbericht 1989.** Landeshauptstadt München, Sozialreferat (Hrsg.). München.

Breuer, B., Fuhrich, M. (1995). **Wohnen im Alter - zuhause im Wohnquartier.** Forschungsvorhaben des Experimentellen Wohnungs- und Städtebaus. Bundesministerium für Raumordnung, Bauwesen und Städtebau (Hrsg.). Bonn.

Bucher, H., Kocks, M., Siedhoff, M., Bundesforschungsanstalt für Landeskunde und Raumordnung (1996). **Regionale Alterung, Haushalts- und Wohnungsmarktentwicklung.** Expertise im Auftrag der Sachverständigenkommission "2. Altenbericht der Bundesregierung". Bonn.

Bundesministerium für Familie, Senioren, Frauen und Jugend (Hrsg.). **Heime nach § 1 Heimgesetz.** Stand: 30. Juni des jeweiligen Jahres. Unveröffentlichte Statistik.

Bundesministerium für Familie, Senioren, Frauen und Jugend (BMFSFJ) (1997) (Hrsg.). **Die Familie im Spiegel der amtlichen Statistik** (Bearbeiter: H. Engstler). Bonn.

Dinkel, R.H., Hartmann, K., Lebok, U. (1997). Langfristige Verschiebungen in der Verfügbarkeit häuslicher Unterstützungspotentiale aufgrund familiärer Strukturverschiebungen - Eine Modellrechnung. In **Das Gesundheitswesen 59, Sonderheft 1**, 49-54.

empirica (1990). **Ältere Menschen, Wohn- und Lebensbedingungen und ihre Änderungsbereitschaft.** Landes-Bausparkasse Hannover (Hrsg.). Hannover.

empirica (1993). **Altersgerechtes Wohnen - Antworten auf die demographische Herausforderung.** Bundesgeschäftsstelle Landesbausparkassen im Deutschen Sparkassen- und Giroverband e.V. (Hrsg.). Bonn.

empirica (1994). **Konsequenzen für neue Wohnformen in der dritten Lebensphase - regionale Potentiale und Akzeptanz.** LBS-Norddeutsche Landesbausparkasse (Hrsg.). Hannover.

empirica (1995). **Altersgerechtes Wohnen - Bedarf - und Angebotssituation in Bayern.** LBS Bayerische Landesbausparkasse (Hrsg.). München

empirica (1996a). **Altengerechtes Wohnen in rheinland-pfälzischen Eigenheimgebieten. Anpassungsmaßnahmen im Wohnungsbestand.** Ministerium der Finanzen des Landes Rheinland-Pfalz, LBS Rheinland-Pfalz (Hrsg.). Mainz.

empirica (1996b). **Wohnen im Alter in Baden - Ratgeber für neue Wohnformen.** LBS Badische Landesbausparkasse Stiftung Wohnen im Alter (Hrsg.). Karlsruhe.

empirica (1997). **Marktanalyse "Wohnimmobilien für Senioren".** Bonn.

Fleischer, H., Sommer, B. (1995). Bevölkerungsentwicklung 1994. In **Wirtschaft und Statistik, 12**, 880-886.

Friedrich, K. (1994). **Intraregionale und interregionale Muster und Prinzipien der Mobilität älterer Menschen.** Expertise im Auftrag der Enquête-Kommission "Demographischer Wandel" des Deutschen Bundestages. Darmstadt.

Glinski-Krause, B., Jonas, I., Nakielski, H. (1996). Heime. In Kuratorium Deutsche Altershilfe (KDA) (Hrsg.). **Rund ums Alter - Alles Wissenswerte von A bis Z** (S. 175-194). München: Beck'sche Verlagsbuchhandlung.

Hannoversche Leben (1996). **Kundenbefragung "Altersgerechtes Wohnen".** Unveröffentlichte empirica-Auftragsstudie. Bonn.

Hopp, G., Nakielski, H. (1996). Ruhestand im Ausland. In Kuratorium Deutsche Altershilfe (KDA) (Hrsg.). **Rund ums Alter - Alles Wissenswerte von A bis Z** (S. 264-265). München: Beck'sche Verlagsbuchhandlung.

Infratest Sozialforschung, Infratest Epidemiologie und Gesundheitsforschung (1995). **Schnellbericht zur Repräsentativerhebung im Rahmen des Forschungsprojekts "Möglichkeiten und Grenzen selbständiger Lebensführung in Einrichtungen".** Bundesministerium für Familie, Senioren, Frauen und Jugend (Hrsg.). Bonn.

Kliemke, C., Knebel, H., Böttcher, E. (1988). **Wohnungsanpassung bei zunehmender Hilfebedürftigkeit.** Institut für Krankenhausbau TU Berlin (Hrsg.). Berlin.

Ruhr-Universität Bochum (1996). **Interdisziplinäres Forschungsprojekt "Umzugswünsche und Umzugsmöglichkeiten älterer Menschen".** Bundesministerium für Raumordnung, Bauwesen und Städtebau, Schader-Stiftung (Auftraggeber). Vorläufiger Abschlußbericht. dialog Sondernummer 5/96. Schader-Stiftung (Hrsg.). Darmstadt.

Schneekloth, U. (1996). Entwicklung von Pflegebedürftigkeit im Alter. In **Zeitschrift für Gerontologie und Geriatrie 29, 1,** 11-17.

Stolarz, H., Bottke, B. (1990). **Anpassungsinitiativen. Dokumentation von Initiativen zur Anpassung der Wohnungen an die Bedürfnisse älterer Menschen.** Kuratorium Deutsche Altershilfe (KDA) (Hrsg.). Köln.

Stolarz, H. (1986). **Wohnungsanpassung - Maßnahmen zur Erhaltung der Selbständigkeit älterer Menschen.** Institut für Altenwohnbau des Kuratorium Deutsche Altershilfe (KDA) (Hrsg.). Köln.

Wagner, G. (1995). **Determinaten des Umzugsverhaltens von Altenhaushalten.** Sekundärstatistische Analysen: Auswertung des sozio-ökonomischen Panels im Rahmen des Forschungsprojektes "Umzugsverhalten und Umzugsmöglichkeiten älterer Menschen" (Ruhr-Universität Bochum 1996). Bochum.

Literatur zu Kapitel XI

Akademie für Raumforschung und Landesplanung (Hrsg.) (1995). **Siedlungsstruktur und Bevölkerungsentwicklung. Arbeitsmaterial Bd. 219.** Hannover.

Becker-Birck, H.-H. (1997). Die ländlichen Räume auf dem Weg ins 21. Jahrhundert. In **Der Landkreis, Heft 2,** 61-65.

Bertram, H. (1995). Regionale Vielfalt und Lebensformen. In H. Bertram (Hrsg.). **Das Individuum und seine Familie. Lebensformen, Familienbeziehungen und Lebensereignisse im Erwachsenenalter.** DJI-Familien Survey 4. Opladen: Leske+Budrich.

Bertram, H. (1996). Familienentwicklung und Haushaltsstrukturen. In W. Strubelt, et al. (Hrsg.). **Städte und Regionen - Räumliche Folgen des Transformationsprozesses** (S. 183-216). Opladen.

Bertram, H., Hradil, S., Kleinhenz, G. (Hrsg.) (1996). **Sozialer und demographischer Wandel in den neuen Bundesländern.** Opladen.

Borchers, A. (1997). **Die "Sandwich-Generation". Ihre zeitlichen und finanziellen Leistungen und Belastungen.** Frankfurt a.M./New York: Campus.

Bucher, H., Kocks, M., Siedhoff, M. (1994). Die künftige Bevölkerungsentwicklung in den Regionen Deutschlands bis 2010. Annahmen und Ergebnisse einer BfLR-Bevölkerungsprognose. In **Informationen zur Raumentwicklung 12,** 815-852.

Bucher, H., Kocks, M. (1994). Die privaten Haushalte in den Regionen der Bundesrepublik Deutschland. Eine Prognose bis zum Jahr 2010. In **Informationen zur Raumentwicklung 12,** 853-880.

Bucher, H., Kocks, M., Siedloff, M.. Bundesforschungsanstalt für Landeskunde und Raumordnung (1996). **Regionale Alterung, Haushalts- und Wohnungsmarktentwicklung.** Expertise im Auftrag der Sachverständigenkommission "2. Altenbericht der Bundesregierung". Bonn.

Bundesforschungsanstalt für Landeskunde und Raumordnung (1993). Experimenteller Wohnungs- und Städtebau (ExWoSt). Forschungsfeld: **Ältere Menschen und ihr Wohnquartier - Erfahrungen und Ergebnisse der Modellvorhaben.** EXWOST-Informationen. Bonn.

Bundesforschungsanstalt für Landeskunde und Raumordnung (1996). **Ältere Menschen und ihr Wohnquartier - Erfahrungen und Ergebnisse der Nachuntersuchungen.** EXWOST-Informationen. Bonn.

Bundesministerium für Raumordnung, Bauwesen und Städtebau (1993) (Hrsg.). **Bericht der Kommission Zukunft Stadt 2000.** Bonn.

Bundesministerium für Raumordnung, Bauwesen und Städtebau (1995) (Hrsg.). **Wohnen im Alter - zuhause im Wohnquartier.** Forschungsvorhaben des Experimentellen Wohnungs- und Städtebaus. Abschlußbericht. Bonn.

Bundesministerium für Raumordnung, Bauwesen und Städtebau (1996) (Hrsg.). **Dezentrale Konzentration - Neue Perspektiven der Siedlungsentwicklung in den Stadtregionen?** Erarbeitet von J. Aring et.al., empirica, Bonn. Schriftenreihe Forschung Heft Nr. 497. Bonn.

Dieck, M. (1992). Besondere Perspektiven des Alterns und des Alters im vereinigten Deutschland. In P.B. Baltes, J. Mittelstraß (Hrsg.). **Zukunft des Alters und gesellschaftliche Entwicklung.** Berlin: Akademie Verlag.

Fink, M., Bundesforschungsanstalt für Landwirtschaft, Institut für Strukturforschung (1994). **Die Lebenssituation von Menschen im ländlichen Raum.** Braunschweig.

Gans, P. (1996). Demographische Entwicklung seit 1980. In W. Strubelt, et al. (Hrsg.). **Städte und Regionen - Räumliche Folgen des Transformationsprozesses** (S. 143-182). Opladen.

Gans, P. (1997). Bevölkerungsentwicklung der deutschen Großstädte 1980-1993. In J. Friedrichs (Hrsg.). **Die Städte in den 90er Jahren**. Opladen: im Druck.

Geißler, C. (1996). Urbanität und sozialer Zerfall. In **Heidenheimer Schriften, H. 13**, 131-143.

Heusener, K., Schubert, H., Institut für Entwicklungsplanung und Strukturforschung (IES) (1995). **Regionalreport zur Entwicklung der Wohnungs- und Baulandmärkte in Niedersachsen bis 2010. Test des Indikatorenmodells**. Hannover.

Heuwinkel, D., Kujath, H.-J., Bergmann, K. Institut für Entwicklungsplanung und Strukturforschung (IES) (1993). **Entwicklung des Wohnens und des Wohnumfelds älterer Menschen bis zum Jahr 2030**. IES-Bericht 239.93. Hannover.

Jagoda, B. (1996). Die Zukunft des ländlichen Raumes. In **Der Landkreis, Heft 8/9**, 360.

Landeshauptstadt München (1995a). **Wohnungsmarktanalysen und -prognosen für den Raum München**. Referat für Stadtplanung und Bauordnung, Stadtentwicklungsplanung HA I (Hrsg). München.

Landeshauptstadt München (1995b). **Bericht zur Wohnungssituation in München 1993 - 1994**. Referat für Stadtplanung und Bauordnung, Stadtentwicklungsplanung HA I (Hrsg.). München.

Landeshauptstadt München (1995c). **Wanderungsbeziehungen und Bevölkerungsprognosen der Landeshauptstadt München**. Referat für Stadtplanung und Bauordnung, Stadtentwicklungsplanung HA I (Hrsg.). München.

Landeshauptstadt München (1996). **Bevölkerungsprognosen 1995/96**. Referat für Stadtplanung und Bauordnung, Stadtentwicklungsplanung HA I (Hrsg.). München.

MConsult (1997): **Zur Mobilitätsabhängigkeit älterer Menschen in der Region München**. Expertise im Auftrag der Sachverständigenkommission "2. Altenbericht der Bundesregierung". München.

Sachse, A., Schubert, H. Institut für Entwicklungsplanung und Strukturforschung (IES) (1996). **Beispielanalyse Mehrgenerationenwohnen**. Evaluation von Beispielen in ihrer Bedeutung für Zusammenleben, Hilfeaustausch und Solidarität der Generationen. Studie im Auftrag des Bundesministeriums für Familie, Senioren, Frauen und Jugend. (IES-Bericht 216.96). Hannover.

Schneekloth, U., Potthoff, P. (1993). **Hilfe- und Pflegebedürftige in privaten Haushalten. Bericht zur Repräsentativerhebung im Forschungsprojekt "Möglichkeiten und Grenzen selbständiger Lebensführung".** Berlin/Stuttgart/Köln: Kohlhammer.

Schnittger, A., Schubert, H.. Institut für Entwicklungsplanung und Strukturforschung (IES) (1996). **Entwicklung der Wohnungs- und Baulandmärkte in Niedersachsen bis 2010. Regionalreport 1996.** Hannover: IES.

Schubert, H., Institut für Entwicklungsplanung und Strukturforschung (IES) (1991). **Private Hilfenetze: Solidaritätspotentiale von Verwandtschaft, Nachbarschaft und Freundschaft. Ergebnisse einer egozentrierten Netzwerkanalyse.** Materialien des IES, Band 145. Hannover.

Schubert, H., Institut für Entwicklungsplanung und Strukturforschung (IES) (1992). **Hilfenetze älterer Menschen.** IES-Bericht 205.92. Hannover.

Schubert, H. (1994). Hilfenetze älterer Menschen: Zur Bedeutung von räumlichen Entfernungen und sozialen Beziehungen für Hilfe im Alter. In **Geographische Zeitschrift, 82.Jg.,** 226-238.

Schubert, H. (1996). **Regionale Unterschiede von Alterungsprozessen und strukturellen Rahmenbedingungen. Zum systemischen Zusammenhang von Altersstrukturentwicklung, Wohnungsbedarf und regionalen Handlungsmöglichkeiten.** Expertise im Auftrag der Sachverständigenkommission "2. Altenbericht der Bundesregierung".

Schubert, H. (1995). Entwicklung der Wohnungs- und Baulandmärkte in Niedersachsen bis 2010. In **Statistische Monatshefte Niedersachsen, 49.Jg.,** 590-596.

Statistisches Amt der Landeshauptstadt München (1989). **Münchener Statistik - Monatsbericht, Heft 4/April.** München.

Strubelt, W. et al. (1996) (Hrsg.). **Städte und Regionen - Räumliche Folgen des Transformationsprozesses.** Opladen.

Wirtschaftsminister Mecklenburg-Vorpommern (1993). **Erstes Landesraumordnungsprogramm Mecklenburg-Vorpommern.** Schwerin.

Literatur zu Kapitel XII

Alpheis, H. (1989). **Kontextanalyse. Die Wirkung des sozialen Umfeldes, untersucht am Beispiel der Eingliederung von Ausländern.** Wiesbaden.

Arin, C., Gude S., Wurtinger, H. (1985). **Auf der Schattenseite des Wohnungsmarktes: Kinderreiche Immigrantenfamilien.** Basel.

Beauftragte der Bundesregierung (1995) (Hrsg.). **Bericht der Beauftragten der Bundesregierung für die Belange der Ausländer über die Lage der Ausländer in der Bundesrepublik Deutschland.** Bonn.

Beauftragte der Bundesregierung für die Belange der Ausländer (1997) (Hrsg). **Daten und Fakten zur Ausländersituation.** Berlin.

Bundesministerium für Familie, Senioren, Frauen und Jugend (BMFSFJ) (1997) (Hrsg.). **Die Familie im Spiegel der amtlichen Statistik** (Bearbeiter: H. Engstler). Bonn.

Bonacker, M., Häufele,R. (1986). Sozialbeziehungen von Arbeitsmigranten in unterschiedlichen Wohnquartieren. In Hans-Joachim Hoffmeyer-Zlotnik (Hrsg). **Segregation und Integration. Die Situation von Arbeitsmigranten im Aufnahmeland.** Mannheim.

Cruickshank, J.K., Beevers, D.G.(1989). Migration, Ethnicity, Health and Desease. In Cruickshank, J.K., Beevers, D.G. (Hrsg.). **Ethnic Factors in Health and Disease.** London.

Dietzel-Papakyriakou, M. (1992). Alter und Gesundheit. Die besondere Gefährdung von Arbeitsmigranten. In Arbeiterwohlfahrt Bundesverband e.V. (Hrsg.). **Rückkehren oder Bleiben - Deutschland und seine alten Migranten** (S. 10-16). Bonn.

Dietzel-Papakyriakou, M. (1993a). Ältere ausländische Menschen in der Bundesrepublik. In Deutsches Zentrum für Altersfragen (DZA) (Hrsg.). **Expertise zum ersten Altenbericht der Bundesregierung, Band III** (S. 1-154). Berlin: DZA.

Dietzel-Papakyriakou, M. (1993b). **Altern in der Migration: Die Arbeitsmigranten vor dem Dilemma: zurückkehren oder bleiben?** Stuttgart.

Dietzel-Papakyriakou, M., Olbermann, E. (1996a). Soziale Netzwerke älterer Migranten. Zur Relevanz familiärer und innerethnischer Unterstützung. In **Zeitschrift für Gerontologie 29,** 34-41.

Dietzel-Papakyriakou, M., Olbermann, E. (1996b). Zum Versorgungsbedarf und zur Spezfik der Versorgung älterer Migrantinnen und Migranten. In **Informationen zur Ausländerarbeit,** 82-89.

Dietzel- Papakyriakou, M., Olbermann, E. (1997). **Wohnsituation älterer Migranten in Deutschland.** Expertise im Auftrag der Sachverständigenkommission "2. Altenbericht der Bundesregierung". Essen.

DRK-Deutsches Rotes Kreuz (1991) (Hrsg). **Ältere Migranten. Förderung des sozialen Engagements junger Menschen zur Vermittlung von Hilfen für ältere ausländische Mitbürger in der Bundesrepublik.** Meckenheim-Merl.

Eggen, B. (1997). Familiale und ökonomische Lage älterer Deutscher und Ausländer. In K. Eckart, S. Grundmann (Hrsg.). **Demographischer Wandel in der europäischen Dimension und Perspektive** (S. 88-110). Berlin.

Elwert, G. (1989). Nationalismus, Ethnizität und Nativismus - über die Bildung von Wir-Gruppen. In P. Waldmann, G. Elwert (Hrsg.). **Ethnizität im Wandel.** Saarbrücken.

Esser, H. (1986). Ethnische Kolonien. "Binnenintegration" oder gesellschaftliche Isolation. In J. Hoffmeyer-Zlotnik (Hrsg.). **Segregation und Integration. Die Situation von Arbeitsmigranten im Aufnahmeland.** Mannheim.

Guttmann, D. (1985). The Social Networks of Ethnic Minorities. In W.J. Sauer, R.T. Coward (Hrsg.). **Social Support Networks and the Care of the Elderly.** New York.

Heckmann, F. (1992). **Ethnische Minderheiten, Volk und Nation. Soziologie interethnischer Beziehungen.** Stuttgart.

Heisel, M.A. (1993). Long-Term Care in Turkey. In **Aging International 2,** 6-12.

Hill, P.B. (1984). Räumliche Nähe und soziale Distanz zu ethnischen Minderheiten. In **Zeitschrift für Soziologie 4,** 363-370.

Hoffmeyer-Zlotnik, J. (1993). Wohnungsteilmärkte und ethnische Kolonien. In M. Lang (Hrsg.). **Fremde in der Stadt. Ville et immigration** (S. 23-30). Dortmund.

Holz, G., Scheib, H., Altun, S., Petereit, U., Schürkes, J. (1994). **Fremdsein, Altwerden, und was dann? - Ältere Migranten und die Altenhilfe.** Frankfurt am Main.

Keßler, U., Ross, A. (1991). Ausländer auf dem Wohnungsmarkt einer Großstadt. Das Beispiel Köln. In **Informationen zur Raumentwicklung 7/8,** 429-438.

Krummacher, M., Waltz, V. (1993). Anforderungen an Wohnprojekte für und mit Ausländerinnen. In Wohnbund (Hrsg.). **Wohnpolitische Innovationen.** Wohnbund Jahrbuch (S. 60-77). Darmstadt.

Loeffelholz, H.D. von, Thränhardt, D. (1996). **Kosten der Nichtintegration ausländischer Zuwanderer.** Gutachten im Auftrag des Ministeriums für Arbeit, Gesundheit und Soziales des Landes Nordrhein-Westfalen. Düsseldorf.

Longino, C.F., Serow, W.J. (1992). Regional Differences in the Characterisitics of Eldelry Return Migrants. In **Journal of Gerontology, 1,** 538-543.

Maldonado, D. (1988). El Barrio: Perceptions and Utilisation of the Hispanic Neighborhood. In S. Applewithe (Hrsg.). **Hispanic Elderly in Transition.** New York.

MARPLAN (1996a). **Ausländer in Deutschland. Soziale Situation.** Offenbach a.M.

MARPLAN (1996b). **Ausgewählte Ergebnisse der MARPLAN-Ausländerforschung. Ausländer in Deutschland 1970 bis 1995.** Offenbach a.M.

Mehrländer, U., Aschberg C., Ueltzhöffer, J. (1996). **Situation der ausländischen Arbeitnehmer und ihrer Familienangehörigen in der Bundesrepublik Deutschland.** Forschungsbericht des Bundesministeriums für Arbeit und Sozialordnung. Berlin.

Nauck, B. (1994). Erziehungsklima, intergenerative Transmission und Sozialisation von Jugendlichen in türkischen Migrantenfamilien. In **Zeitschrift für Pädagogik,** 1, 43-62.

Nauck, B. (1997). Sozialer Wandel, Migration und Familienbildung bei türkischen Frauen. In B. Nauck, U. Schönpflug (Hrsg.). **Familien in anderen Kulturen.** Stuttgart (im Druck).

Naegele, G., Olbermann, E. (1997). Ältere Ausländer- Ihre Lebensbedingungen und Zukunftsperspektiven im Prozeß des Demographischen Wandels. In K. Eckart, S. Grundmann (Hrsg.). **Demographischer Wandel in der europäischen Dimension und Perspektive.** Berlin.

Olbermann, E. (1994). **Ältere Ausländer in Nordrhein-Westfalen.** Beitrag zum 2. Landesaltenbericht. Düsseldorf.

Olbermann, E., Dietzel-Papakyriakou, M. (1996). **Entwicklung von Konzepten und Handlungsstrategien für die Versorgung älterwerdender und älterer Ausländer.** Bundesministerium für Arbeit und Sozialordnung. Bonn.

Pfaff, V. (1991). Auswirkungen des neuen Ausländerrechts, Teil II. In **Infodienst zur Sozialarbeit, Heft 1,** 56-61.

Proebsting, H. (1989). Eheschließungen, Geburten und Sterbefälle von Ausländern 1987. In **Das Standesamt, 9,** 276-280.

Sautter, H. (1993). Wohnsituation ausländischer Haushalte in Hessen. In C. Koch-Arzberger (Hrsg.). **Einwanderungsland Hessen?** (S. 30-48). Opladen.

Schwarz, K. (1990). Wieviele Kinder haben die Familien? In **Zeitschrift für Bevölkerungswissenschaft, 3/4,** 435-445.

Seifert, W. (1996). Berufliche, ökonomische und soziale Mobilität von Arbeitsmigranten zwischen 1984 und 1993. In W. Zapf et al. (Hrsg.). **Lebenslagen im Wandel: Sozialberichterstattung im Längsschnitt.** Frankfurt.

Selle, K. (1990). Keine Wahl - Anmerkungen zu den Wohnchancen der Ausländer in deutschen Städten. In M. Bayer, et al. (Hrsg.). **Ausländer und Stadtentwicklung.** Institut für Landes- und Stadtentwicklungsforschung des Landes NRW. Dortmund.

Sen, F., Goldberg, A. **Türken in Deutschland.** München.

Statistisches Bundesamt (1997) (Hrsg.). **Strukturdaten über die ausländische Bevölke-rung.** Wiesbaden: Metzler Poeschel.

Steimel, B. (1984). Wohnungsmarkt für ausländische Arbeitnehmer. In **Der Städtetag, 6,** 431-432.

Strubelt, W., Veith K. (1997). Zuwanderung und Integration in Deutschland in den 80er/90er Jahren. In J. Friedrichs (Hrsg). **Die Städte in den 90er Jahren.** Opladen: im Druck.

Zentrum für Türkeistudien (1993). **Zur Lebenssituation und spezifischen Problemlage äl-terer ausländischer Einwohner in der Bundesrepublik Deutschland.** Forschungsbericht im Auftrag des Bundesministers für Arbeit und Sozialordnung. Bonn.

Zentrum für Türkeistudien (1996). **Gutachten für die Enquete-Kommission Demographi-scher Wandel des Deutschen Bundestages.**

Zentrum für Türkeistudien (1997). **Regionale Unterschiede der Wohnverhältnisse älterer Migranten in Deutschland.** (Bearbeiter: K. Schneiderheinze). Expertise im Auftrag der Sachverständigenkommission "2. Altenbericht der Bundesregierung".

Zink, A., Korporal, J. (1990). Soziale Epidemiologie der Erkrankungen von Ausländern in der Bundesrepublik Deutschland. In H. Kentenich, P. Reeg, K.-H. Wehkamp (Hrsg.). **Zwischen zwei Kulturen** (S. 24-41). Frankfurt.

Zsembik, B.A (1993). Determinants of Living Alone Among Older Hispanics. In **Research on Aging, 4,** 449-464.